AF398993

CATO DEN ÆLDRE

OM ALDERDOMMEN

M. Tullius Cicero

CATO DEN ÆLDRE
OM ALDERDOMMEN

oversat af
M. Cl. Gertz

imprimatur

FSC
www.fsc.org
MIX
Papir fra
ansvarlige kilder
Paper from
responsible sources
FSC® C105338

M. Tullius Cicero
Cato den Ældre om alderdommen
oversat af M. Cl. Gertz
1. udg. 1905, 2. rev. udg. 2020
imprimatur
© 2020 M. Tullius Cicero
Forlag: BoD – Books on Demand, København, Danmark
Tryk: BoD – Books on Demand, Norderstedt, Tyskland
ISBN 9788743027218

Indhold

Indledning

Syslen med den græske filosofi hos romerne mærker man meget lidt til før på Ciceros tid. Det er vel sandsynligt, at de kredse af det romerske samfund og særlig dettes højere lag, der fra slutningen af det 3. årh. f. Kr. Havde begyndt at fatte en stadigt voksende interesse for græsk dannelse og græsk litteratur, ikke helt har kunnet forblive uden berøring med en så vigtig del af denne, som den græske filosofi var, ligesom det omvendt er sikkert nok, at det nationale romerske parti, der samtidig havde dannet sig som modsætning til hine kredse, netop var meget fjendsk mod de græske filosoffer, som det endog gentagne gange fik forvist fra Rom, da de havde begyndt at indfinde sig dér. Men selv hellenismens daværende velyndere har dog vistnok med hensyn til den græske filosofi i hovedsagen haft samme mening som deres fornemste digter, Quintus Ennius, der siger:

Filosofere man bør, men småt kun; helt og fuldt det duer ej.
Kun en mundsmag skal man tage, ikke drikke dybe drag.

Særlig de filosofiske spekulationer i logisk, fysisk og metafysisk retning og hele den fine og tit spidsfindige disputerekunst har romerne gennemgående kun haft lidet til overs for; langt bedre kunne de forsone sig med de politiske og etiske undersøgelser, som lettere lod sig forene med de romerske mænds hele stræben, der var rettet på det praktiske liv.

Efterhånden som hellenismen fuldstændig sejrede i Rom, blev imidlertid et vist bekendtskab med den græske filosofi i det mindste på de her angivne områder betragtet som et uundværligt led i den almindelige åndsdannelse, som man stræbte at tilegne sig i de højere romerske samfundskredse; ja filosofi blev for mange af disse romere, hvad den allerede længe havde været for grækerne, meget mere end en blot kundskab: den blev en erstatning for den tabte gamle religion, den lærte dem efter *deres* opfattelse at leve godt og lykkeligt og at dø med ro. Man kunne skaffe sig filosofisk uddannelse allerede i Rom selv, hvor de græske filosoffer trods forjagelserne idelig kom igen og til sidst forblev uanfægtede, så at det vist endogså blev ret almindeligt, at en eller anden græsk filosof hørte til en romersk stormandsfamilies faste husvenner; men derhos blev det efterhånden mere og mere skik, at fornemmere romerske ynglinge tilbragte nogen tid i Athen, som nu ikke var andet end en universitetsby, hvor de forskellige filosofiske skoler stadigt havde deres lærestole. I reglen plejede de romere, der havde modtaget denne filosofiske dannelse, at erklære sig for tilhængere af en eller anden enkelt bestemt skole, men det var dog vistnok kun sjældent, at nogen virkelig ene og udelukkende holdt sig til en enkelt skoles lære; de fleste var hvad man kalder eklektikere, dvs. de tog fra de forskellige skoler, hvad de selv syntes om, og søgte at forene disse mere eller mindre beslægtede bestanddele med hverandre, så godt det lod sig gøre. Hos grækerne selv var der da også særlig på etikkens område efterhånden indtrådt en slags udjævning mellem skolerne, og i hovedpunkterne kunne akademikere, peripatetikere og stoikere på dette felt, der, som sagt, fortrinsvis tiltalte romerne, meget vel forsones med hverandre; ja selv epikuræerne stod her ingenlunde på et væsentlig forskelligt stade, og det var kun en, hos romerne for øvrigt ikke ualmindelig, plump opfattelse af Epikurs lære om »nydelsen« som den højeste livsgrundsætning, der lod epikuræerne fremtræde som bestemt modsætning til stoikerne.

Men lige til Ciceros tid havde alle romere, der gav sig af med filosofien, studeret den på græsk. Ennius havde gjort nogle få og svage forsøg på at behandle filosofiske eller halvfilosofiske emner på latin i sine »Blandede digte« (*saturæ*); men dette havde man vistnok snart glemt. Det første virkelig betydelige filosofiske værk i den latinske litteratur blev det læredigt »Om tingenes natur«, hvori digteren *Titus*

Lucretius Carus (99-55 f. Kr.) fra et rent og klart epikuræisk standpunkt og i skarp modsætning både til stoikernes noget forlorne forsyns- og gudetro og til den plumpe overtro og rå sammenblanding af forskelligartede, navnlig orientalske religionselementer, som dengang nød kredit i ret vide kredse, har fremstillet Epikurs så godt som ateistiske fysik, læren om alts oprindelse fra atomerne og deres bevægelser, en lære, hvori digteren selv havde fundet beroligelse for livets ængstelser, og som derfor i egentligste forstand var blevet ham en religion. Dette gør, at han har kunnet behandle det særlig til digtning yderst lidet tjenlige emne med en begejstring og varme, som atter og atter bryder frem gennem det tunge stof og med rette har skaffet hans værk stor anerkendelse og beundring, mest dog hos en senere eftertid; hans egen samtid synes ikke at have agtet videre på det, og Cicero omtaler det kun en enkelt gang og meget køligt. Samtiden har åbenbart følt sig mere tiltalt af *Ciceros* lettere filosofiske forfatterskab.

Cicero havde fået den samme filosofiske uddannelse som andre unge romere, dels hjemme, dels under et ophold i Athen i vinteren 79-78 f. Kr.; han udvidede sine kundskaber på dette område ved flittig læsning af græske værker, så vidt hans mange hånde beskæftigelser som politiker og retstaler tillod ham det, og han havde også en stoiker til husfilosof i sit hjem i en række år. Filosofien dyrkede han dog ikke så meget for dens egen skyld, som fordi han mente, at den var gavnlig og nødvendig for hans uddannelse i talekunsten, der for ham var hovedsagen, og at optræde som forfatter af filosofiske skrifter har fra først af ligget hans tanker fjernt. Man skal næppe heller tænke sig, at hans filosofiske studier har været synderlig grundige eller omfattende. Den førsokratiske filosofi har han sikkert ikke kendt til fra selve originalværkerne, men kun fra de senere, til dels med ham selv samtidige filosofiske professorers kompendier, disse værker, som efterhånden førte til, at de gamle originalarbejder helt glemtes og gik tabt. Af Platon har han læst enkelte hovedværker (eller dele af dem) som »Staten« og »Lovene«, desuden »Faidon«, »Apologien« og enkelte andre dialoger, i hvilke Sokrates' person spillede en mere fremtrædende rolle; han har også haft stor interesse for Xenofons let læselige, quasifilosofiske skrifter, f. eks. hans roman om perserrigets stifter, den ældre Kyros, skriftet »Oikonomikos« (»Den gode husholder«), »Symposion« (»Drikkelaget«) o. a. Af Aristoteles' strengt videnskabelige skrifter har han haft kendskab til hans »Politik« og »Etik«; nok så meget har han dog vist læst hans mere populære skrifter, især hans dialoger, som vi nu ikke mere kender, og fra dem synes han også at have lånt den meget ufuldkomne dialogform, han selv ynder at anvende i sine egne skrifter, idet den kortfattede indledende samtale

meget hurtigt går over til en lang enetale af hoved-
personen, som skal behandle det opstillede emne fra
alle sider. Hertil kommer så en række vistnok i det
hele lettere tilgængelige værker af efter-aristoteliske
filosoffer af de forskellige skoler, værker, som nu alle
er tabt. Han erklærede sig selv for »akademiker«,
hørende til den senere, fra Platon selv meget afvigen-
de »platoniske« filosofskole, som man kalder »det
yngre akademi«; i virkeligheden var det en eklekli-
cisme, og Cicero er da også frem for nogen anden
en eklektiker i sin filosofi og har intet fast og rent
standpunkt.

Med denne nogenlunde lette udrustning tog alt-
så Cicero sig for at optræde som filosofisk forfatter
i den latinske litteratur og bane sine landsmænd en
lettere vej, end de hidtil havde haft, til at stifte be-
kendtskab med den græske filosofi. Han begyndte
denne skribentvirksomhed omtrent på samme tid,
som Lucretius' ovennævnte digt udkom; han var
den gang over 50 år gammel, og hans glanstid som
politiker var forbi. Først skrev han da i den nær-
meste tid efter 54 f. Kr. sine to politisk-filosofiske
værker »Om Staten« og »Om Lovene«, af hvilke
det sidste dog aldrig blev helt fuldført, da han blev
revet ud af sit arbejde, idet han år 51 måtte gå som
statholder til Kilikien; af det første værk er nu kun
en tredjedel bevaret. Han bygger her på Platon og
Aristoteles, men har for øvrigt arbejdet med mere

ro, mere grundighed og kritik og også noget mere selvvirksomt end i sine senere værker. En standsning i hans skribentvirksomhed indtrådte fra 51-46, idet han for en tid på ny blev draget med ind i det politiske liv; men da han efter sin mislykkede optræden i borgerkrigen på Pompejus' side omsider havde fået tilgivelse af Cæsar, selvfølgelig efter en stiltiende overenskomst om, at han for fremtiden skulle holde sig borte fra politikken, tog han fat igen som forfatter. Det var dels den ham påtvungne uvirksomhed, som pinte ham, den endnu fuldt ud raske og åndskraftige mand, dels sorgen over hans næsten af ham forgudede datter Tullias død (45), der bragte ham til med en forbavsende iver og rastløshed at arbejde som skribent; han søgte på den måde at dulme sin sorg og glemme sit politiske skibbrud. I de 2-3 år fra 46-44 (Cæsars død) udarbejdede han ikke mindre end 17 filosofiske værker, deriblandt 6 af ret betydeligt omfang, og samtidig udgav han 5 skrifter vedrørende talekunsten; hertil kom så endda en ret omfattende brevskrivning, hvorimod han kun ved et par enkelte lejligheder optrådte som taler. Flid og iver kan man således ikke frakende ham; men at dette hastværk måtte komme til at gå ud over værkernes værdi, er ganske naturligt. Og særlig måtte det da blive hans filosofiske værker, der kom til at lide derunder; på dette felt var han forholdsvis ny som forfatter, og tilmed måtte han tumle med den opgave at skaffe det latinske sprog en filosofisk stil, hvad det hidtil ikke havde haft. Opgaven ville sikkert også have været uløselig for enhver anden end Cicero; men med sit store mesterskab som latinsk stilist kom han over den, og det endda forbavsende godt efter omstændighederne. Men fortjener hans filosofiske værker således end megen anerkendelse, når man betragter dem fra den stilistiske side, og gør det end tillige et godt indtryk, at man så tit mærker, at hans hjerte eller hans interesse er med ved det, han skriver, så er der dog meget vægtige anker at rette mod dem, når man ser på indholdet. Originale tanker og nye synsmåder finder man intet af hos ham; men for dette har man alligevel ikke lov til at laste ham; han har nemlig aldrig selv villet gøre krav på originalitet, men kun betragtet sig som tolk for grækerne; det nye, han her har føjet til, og hvorved han giver sine værker en romersk farve, er de oplysende eksempler, han henter fra den romerske historie og overhovedet det romerske liv; og i *dem* kan der for resten være meget smukt og godt. Men med føje kan man dadle hans arbejdsmåde. Han bygger på det næppe meget solide grundfond af filosofisk viden, han havde fra sin ungdomsundervisning og sin senere læsning; når han så har sat sig for at behandle et eller andet enkelt emne, har han sædvanligvis udvalgt sig et enkelt eller nogle få græske værker, som behandlede samme emne, mest af den senere filosofiske litteratur, og disse kilder har han så gennemlæst og søgt at gengive dem på latin, ikke just i ligefrem oversættelse, men i friere omskrift. Men foruden at det nu på denne måde let kunne hænde og virkelig oftere er hændt ham, at han fik fat på meget tarvelige værker som kilder, så har *han* i sin ilfærdighed ikke gennemlæst dem ordentligt og endnu mindre gennemtænkt det læste grundigt, og dette har naturligvis straffet sig. Derfor bliver behandlingen hos ham ofte lidet udtømmende, ordningen af stoffet ofte lidet tilfredsstillende, opfattelsen og udviklingen af de filosofiske begreber unøjagtig og uklar; og der findes ikke så ganske sjældent selvmodsigelser, tænkefejl, slemme misforståelser og grove unøjagtigheder. Trods alle disse mangler og fejl, som for øvrigt naturligvis ikke træder lige stærkt frem i alle hans værker, har dog disse arbejder af ham spillet en stor rolle for samtiden og endnu mere for eftertiden. Det var jo gennemgående let, tit også kvik, vittig og fornøjelig læsning, og en hel del godt lod sig trods deres svage sider altid lære af dem; for dem, der ikke kunne græsk, i det mindste ikke ordentligt, og for dem, der ikke gad underkaste sig den anstrengelse at læse græsk, var der ved dem åbnet en let vej til at vinde et ingenlunde foragteligt kendskab til den græske filosofi eller i det mindste alt det af den, der havde almenmenneskelig betydning. Således var det allerede hele den romerske oldtid igennem; og endnu større betydning fik disse værker i senere tider, da kundskaben til græsk helt eller næsten helt var gået tabt: da levede man for en stor del på Ciceros filosofi. Men fra den tid af, da de græske værker atter blev draget frem og læst, tabte Ciceros skrifter naturligvis meget af deres betydning, navnlig for et ordentligt *videnskabeligt* studium af filosofien; deres største betydning ligger nu deri, at vi i dem har bevaret så meget af den senere græske filosofiske litteratur, som i originalværkerne er gået fuldstændig tabt for os.

Et af de sidste i rækken af disse skrifter er den her oversatte »dialog«, som bærer titlen (eller titlerne): »*Cato den Ældre, om alderdommen*«; den er udkommet i tiden omkring Cæsars død, i året 44. Den hører ikke til de strengere filosofiske værker, men til den hos de senere græske filosoffer ret yndede klasse populære arbejder, som kaldes »trøsteskrifter« (*consolationes*). Ciceros formål med bogen er, som han selv siger, at bringe sin ven Atticus og tillige sig selv trøst for alderdommen, som de begge er nær, og vise, at menneskene kan have det meget godt i dette livsafsnit, så der ingen grund er for dem til at klage over den, hvad så mange gør. Cicero var på den tid kun 62 år og har næppe følt synderlig til alderdommens tryk; man kunne for hans vedkommende næsten føle sig fristet til at opfatte i alt fald en del af skriftet som en indsigelse imod, at man havde sat ham som »en gammel mand« ud af spillet, hvad politikken angik. Men det er jo muligt, at Atticus af og til har klaget sig for ham over, at *han* blev gammel, skønt han kun var 3-4 år ældre end Cicero og overlevede denne i 11 år og var rask til det sidste. Ved udarbejdelsen har Cicero benyttet enkelte meget bekendte stykker af Platons »Stat«, »Faidon« og »Apologien«, ligeledes stykker af Xenofons »Kyros« og »Oikonomikos«; men om han ellers har haft noget enkelt græsk skrift til hovedvejleder ved den udvikling af emnet, der gives, kan vi ikke sige. I indledningsskrivelsen til Atticus nævner han et skrift om alderdommen af en peripatetisk filosof *Ariston* fra øen Keos ved Attika; men det er et spørgsmål, om han har benyttet det, og hvor meget han har benyttet det. Han meddeler os, at han ikke vil følge Aristons eksempel, da denne til bærer af udviklingen i samtalen havde valgt den rent mytiske person *Tithonos*. Mythen fortæller jo om denne, at han blev elsket af Eos (Aurora), som hos guderne udvirkede, at han blev udødelig, men glemte at udvirke, at han tillige vedblev at være evig ung, hvorfor han til sidst hentæredes således af alderdom, at der ikke blev andet tilbage af ham end stemmen; han synes således mere at have været egnet til at føre klage over alderdommen end til at bringe trøst for den eller holde lovtale over den, og forholder det sig således, kan man tænke sig, at Cicero ikke har kunnet have videre brug for dette skrift. Men da vi ikke har mindste anelse om skriftets indhold, må vi lade dette spørgsmål stå uløst hen. For resten indeholder Ciceros skrift, når man ser bort fra de bidrag, han har hentet fra Platon og Xenofon, ikke andre tanker end sådanne, som han som en dannet og fornuftig mand meget vel selv har kunnet finde på. Tankeindholdet er simpelt, naturligt og sundt, fremstillingen i det hele vel ordnet og, på et enkelt punkt nær, klart gennemsigtig, sproget som sædvanlig smukt; og alt dette i forbindelse med den fordringsløshed, hvormed skriftet fremtræder, og den varme og elskværdighed i tænkemåde, som helt igennem ytrer sig i det, har med rette gjort, at man altid har regnet det til de bedste blandt Ciceros filosofiske skrifter, om det end ikke kan kaldes for noget betydeligt arbejde.

Dialogformen har så godt som intet at sige; emnet behandles i en lang enetale af hovedpersonen *Cato*, medens bipersonerne kun lytter til. Når nu Cicero har valgt Cato til at overtage den rolle, han her har tildelt ham, kan valget for så vidt kaldes heldigt nok, som Cato var en type på en kernekraftig, ægte romersk olding; men fra en anden side set var valget uheldigt, fordi Cicero for at kunne bruge ham har måttet lave så meget om på hans person, at han fjerner sig alt for langt fra den virkelige, historiske Cato. Ganske vist var denne ikke i den grad en fjende af grækerne, at han *slet ikke* ville have noget at gøre med dem; han har, og det ikke blot i sin alderdom, studeret græske mønsterforfattere som Thukydid og Demosthenes, af hvem han ventede at kunne lære noget til gavn for sin egen virksomhed som historieskriver og taler, og ved det rige forfatterskab som fagskribent, han udfoldede på mange forskellige områder, har han sikkert nok også søgt belæring hos græske forfattere i samme retning. Men han var dog fører for det romerske patriotparti, som fremfor alt holdt på det nationale; *dette* ønskede han at se udviklet under befrugtende indflydelse fra den græske kultur; men derimod var han en afgjort fjende af den hellenisme, som dyrkedes i scipionernes og andre ligesindede romerske kredse, og som da også til sidst på litteraturens område førte til, at de nationale kulturspirer, som disse kredse ringeagtede, kvaltes under det fremmede. Cicero har gjort sin Cato meget, meget for græsk og grækervenlig og f. eks. ladet ham være (i det mindste tilsyneladende) vel bevandret i dele af den græske litteratur, deriblandt også digtning og filosofi, som den virkelige Cato sikkert ikke har villet have det mindste at gøre med. Cicero har da også selv følt, at man ville kunne gøre denne indvending gældende mod hans Cato, og han søger, utvivlsomt spøgende, at afværge den ved den bemærkning, at man jo kan skrive dette på de græske studiers regning, som Cato drev i sin alderdom. Nå, digtere og romanforfattere har man jo altid indrømmet ret til at tumle meget frit med historien, en frihed, som rigtignok ofte er blevet slemt misbrugt, og vil man godkende denne indrømmelse i det hele, kan man også gøre Cicero den; men for så vidt man kræver større hensynsfuldhed mod den historiske sandhed, må man om Ciceros skrift sige, at det kun hjælper lidt mod denne hans omskabning af Cato, at han ved et par andre, rent ydre ting har villet give sin Cato farve som den virkelige Cato. Dette har han nemlig gjort dels ved at lade ham i et enkelt afsnit af bogen give en lang (for bogens disposition meget for lang) udvikling til bedste om landmændenes liv og glæde ved deres gerning, hvilket skal stemme med, at Cato i virkeligheden var en meget dygtig landmand og havde stor interesse for landbruget, dels derved, at han, i betragtning af, at den virkelige Cato var en ivrig forsker i romersk historie, har ladet ham indflette i sin tale en hel del pedantiske småbemærkninger om romersk personalhistorie og kronologi, bemærkninger, som ofte skader behandlingen af hovedemnet, hvorfor jeg også her i denne oversættelse har udslettet det meste af disse værdiløse og forstyrrende småting, der er ligegyldige for en nutidslæser.

For at læseren med større lethed kan læse det oversatte værk, vil det sikkert være bedst allerede her i indledningen at meddele lidt om de væsentligste personer af den romerske historie, der omtales i det; om en hel del er der intet andet at sige, end hvad der står i værket selv, og dem forbigår jeg naturligvis.

Dialogens hovedperson *Marcus Porcius Cato* (kaldet »den ældre«, *maior*, i modsætning til hans efterkommer og navne, den berømte statsmand og stoiker, som dræbte sig selv i Utica 46 under borgerkrigen mod Cæsar), var født 234 i Tusculum og hørte til en landadelsfamilie, som ejede et gods i sabinerlandet, hvor han fra barndommen af vænnedes til landarbejdet. Allerede før han var 20 år gammel, kom han med i krigen mod Hannibal og tjente under Quintus Fabius Maximus, til hvem han sluttede sig nøje; senere var han under samme krig kæstor hos den ældre Scipio Africanus, men kunne ikke lide dennes græske væsen og var ham stadig imod, så at det ikke er rigtigt, når Cicero i dette skrift lader ham være en god ven af Scipio og hans slægt. Hans berømteste våbendåd tilhører dog en senere tid, idet han under krigen mod kong Antiochos af Syrien, hvis første del førtes i Grækenland, var med som legionsanfører og bidrog meget til den afgørende sejr, romerne vandt over Antiochos' hær ved Thermopylæ 191. Hans nabo i sabinerlandet, patricieren *Lucius Valerius Flaccus*, havde fattet stor interesse for ham allerede i hans ungdom og drog ham med ind i det politiske liv og understøttede ham til at opnå embeder; de var konsuler sammen 195, og senere virkede de i forening som censorer 184 og gjorde sig meget bemærket ved den strenghed, hvormed de udøvede deres embedsmyndighed, selv mod mænd af de fornemste kredse. Hele sit liv igennem vedblev han at virke som statsmand og havde stor anseelse og indflydelse; man kaldte ham endog »den vise«. Han var strengt retsindig i al sin færd; men hans hårde og barske væsen gjorde ham ilde lidt af mange og skaffede ham fuldt op af fjender, så meget man end agtede ham. I sine sidste år gjorde han sig især bemærket ved sine ivrige bestræbelser for at ophidse Rom til krig mod Karthago, som han frygtede, da han på en sendefærd dertil for at stifte fred mellem Karthago og numiderkongen *Masinissa*, som i tillid til sit venskab med Rom stadig plagede karthagienserne med røverske overfald, havde set, hvor stærkt byen og landet var blomstret op igen efter sit nederlag i den anden puniske krig; han fik virkelig også krigen sat i gang, men døde 149 uden at opleve Karthagos ødelæggelse (146). Om hans ivrige nationalisme, hans iver for landvæsenet, hans virksomhed som fagskribent, taler og historieskriver er talt tidligere; berømt var især hans værk *Origines* om Roms og de italiske staters ældste historie, som for øvrigt også omfattede historien ned til hans egen tid; det var det første historieværk på prosa i den latinske litteratur. Hans søn af samme navn var en lovende ung mand, som især havde udmærket sig i slaget ved Pydna 168, hvor Æmilius Paullus overvandt kong Perseus af Makedonien; han blev gift med Æmilia Tertia, en datter af Paullus, og således svoger til den

yngre Scipio, og måske stammer dennes venskabs-
forhold til den gamle Cato herfra; han døde 2 år før
faderen.

Af de to bipersoner i samtalen, som tænkes holdt
i Catos hus året før hans død (150), er der ingen
anledning til nærmere at omtale *Gajus Lælius*, som
mest er bekendt for sit trofaste venskab med den an-
den, *Publius Scipio Africanus den Yngre*, Karthagos
ødelægger. Denne tilhørte kun ved adoption scipio-
nernes berømte slægt. Af denne nævnes her i skriftet
først de to brødre *Publius* og *Gnæus Scipio*, som især
udmærkede sig under den anden puniske krig ved
deres krigsførelse mod karthaginienserne i Spanien,
hvor de dog til sidst begge omkom i et ulykkeligt slag
212; en søn af den førstnævnte var dernæst den store
Publius Scipio Africanus den Ældre, som besejrede
Hannibal ved Zama og dermed endte krigen 202;
hans søn Publius Scipio var legemlig svag og havde
selv ingen børn, hvorfor han adopterede den her
nævnte Scipio, som ved fødslen hørte til æmilier-
nes slægt. Hans bedstefader var den *Lucius Æmilius
Paullus*, som af sin ubesindige og udygtige medkon-
sul Gaius Terentius Varro blev tvunget til at indlade
sig i det ulykkelige slag med Hannibal ved Cannæ
216, hvori han omkom; dennes søn af samme navn
var ham, der sejrede ved Pydna og gjorde Makedoni-
en til en romersk Provins; han havde fire sønner, af
hvilke de to døde som ganske unge netop i de dage,

da han fejrede sin triumf over kong Perseus, og de to andre havde han forud bortgivet til adoption, den ene til Publius Scipio.

Af berømte romere fra tidligere dage, som omtales her i skriftet, nævner vi først *P. Decius Mus*, som under krigen med latinerne 340 frivillig ofrede livet for at skaffe romerne sejren i slaget ved Veseris; hans søn af samme navn fulgte senere hans eksempel 295 i slaget ved Sentinum mod etruskerne og samnitterne. Dernæst er der den berømte række mænd fra den tid, da romerne krigede mod kong *Pyrrhos* af Epeiros, som var kommet til Italien for at hjælpe Tarentum i dets kamp mod Rom (281-275): *Manius Curius Dentatus*, som allerede tidligere havde udmærket sig i krigen mod samnitterne og betvunget dem under sit første konsulat 290, og som siden i sit andet konsulat 275 vandt den afgørende sejr over Pyrrhos ved Beneventum; *Gajus Fabricius Luscinus*, som særlig vandt berømmelse, da han 280 gik som sendemand til Pyrrhos for at forhandle om krigsfangernes udveksling, og som, da Pyrrhos søgte at vinde ham for sig, »hverken lod sig lokke af hans guld eller skræmme af hans elefanter«; den gamle, blinde *Appius Claudius*, en af de stolteste mænd af den stolte Claudiske slægt, en hårdnakket modstander af fredsslutning med Pyrrhos, da dennes sejre i begyndelsen af krigen havde gjort senatet tilbøjeligt til at gå ind på kongens fredsforslag. Til den samme kreds hørte også *Tiberius Coruncanius*, som dog mere var en fredens mand, berømt som retslærd; han var den første plebejer, der blev Roms ypperstepræst (*pontifex maximus*).

Fra den første pønerkrigs tid nævnes foruden *Aulus Atilius Calatinus* og *Gajus Duellius*, om hvem det fornødne siges i skriftet selv, endvidere *Marcus Atilius Regulus*. Han blev fanget af karthaginienserne i et slag ovre i Afrika, men de lovede ham friheden, hvis han ville gå til Rom og udvirke fred for dem; han drog til Rom, men frarådede netop senatet at slutte fred, og vendte så, tro mod sit edelige løfte, tilbage til Karthago for at lide døden dér.

Fra den anden pønerkrigs tid nævnes foruden de allerede ovenfor omtalte især to mænd. Den første er Catos velynder, *Quintus Fabius Maximus*, født 275, som efter konsulen *Gajus Flaminius'* fald i slaget ved Trasimennersøen 217 blev udnævnt til diktator og som sådan førte krigen mod Hannibal med stor forsigtighed, idet han undgik slag og søgte at trætte Hannibal ved idelige marcher; der var mange, som misbilligede denne hans krigsførelse, og som derfor hånede ham med øgenavnet *Cunctator* (»Nøleren«); men senere kom man til erkendelse af, at hans handlemåde under de givne forhold var den fornuftigste, der kunne vælges. Under den samme krig generobrede han senere (209) i sit femte konsulat det vigtige Tarentum, som på borgen nær var gået tabt 213 ved den romerske befalingsmands udygtighed. Den anden er *Marcus Claudius Marcellus*, en udmærket tapper kriger og dygtig feltherre, som var den første romer, der vandt en sejr over Hannibal (ved Nola 215) og senere forjog pønerne fra Sicilien; 208 faldt han i en kamp ved Venusia i Syditalien, og Hannibal hædrede ham ved en prægtig begravelse.

Fra den følgende tid må især nævnes *Titus Quinctius Flamininus*, en stor ven af grækerne, som år 197 besejrede Hannibals forbundsfælle, kong Philippos den 3. af Makedonien, og befriede Grækenland fra Makedonernes overherredømme. Cato har næppe været nogen god ven af ham og krænkede ham hårdt ved sin strenghed som censor mod hans broder Lucius, som for øvrigt nok havde fortjent den behandling, han fik.

Skriftet er, efter Ciceros sædvanlige manér i disse værker, forsynet med citater af flere af de ældre romerske forfattere. Af disse nævner vi her den stolte campaner *Gnæus Nævius* (c. 270-200), som nærmest har været en mand efter Catos hjerte; han prøvede virkelig på at være national romersk i sin digtervirksomhed. Han skrev det første originale epos på latin, i hvilket han skildrede den første pønerkrig, som han selv havde deltaget i, og han beholdt her det gamle romerske versemål, de såkaldte saturniske vers; ligeledes søgte han at skabe en national romersk tragedie, skønt han også oversatte græske tragedier. Tillige skrev han komedier og var her end- og dristig nok til at spotte over romerske stormænd, hvad ingen af de andre romerske komedieforfattere vovede, hverken *Plautus* (254-184) eller *Terentius* (185-159), hvis her i skriftet omtalte stykker vi end- nu har, ikke heller *Cæcilius Statius*, som mange satte højest, men af hvem intet er bevaret. Af »helleni- sterne« nævner vi, foruden disse tre komedieskri- vere, *L. Livius Andronicus*, som var romernes ældste digter, der både oversatte Odysseen på saturniske vers og lod den første oversatte græske tragedie op- føre i Rom 240, samt fremfor alt *Q. Ernnius* (234- 169). Det var Cato selv, som fra først af havde draget denne mand frem og tænkt sig, at han skulle blive en national digter; men Ennius gik snart over i hel- lenisternes lejr og hørte siden nøje til scipionernes kreds. Han oversatte mange græske tragedier, men endnu mere berømmelse vandt han sig ved sit i hek- sametre skrevne store epos *Annales*, som ganske efter den græske episke digtnings manér, med tilsætning af det behørige gudeapparat o. l., behandlede Roms historie fra Æneas' indvandring og ned til hans egen tid. Han var for øvrigt ubestrideligt et stort digterisk talent og fik stor indflydelse på den senere romerske poesis udvikling, særlig på Lucrets og Vergil. Her i skriftet anføres flere steder af hans Annales, således straks i begyndelsen, hvor versene er taget af den bog af digtet, der skildrede Titus Quinctius Flamininus' krig mod kong Philippos af Makedonien; på sit tog mod denne var Flamininus kommet i svær forlegenhed med, hvordan han skulle trænge frem gennem en vanskelig bjergegn i Epeiros, som han måtte igennem for at kunne komme til at angribe fjenderne, og han fik da hjælp af en fattig epeirotisk hyrde, som mod tilsagn om en belønning viste ham vejen over et bjergpas.

Hyrdens vers hos Ennius anvender Cicero her i tiltale til sin ven *Titus Pomponius*, til hvem han i et indledningsbrev dedicerer dette sit værk. Titus Pomponius var en fornem og rig romersk ridder; han ville aldrig opgive sin stilling som privatmand og tage del i det politiske liv; allerede i sin tidligste ungdom havde han fået nok deraf, idet han nær havde mistet livet i de urolige tider, da borgerkrigen mellem Marius og Sulla brød ud. Straks efter at være undsluppet fra denne fare forlod han Rom og drog til Athen, hvor han opholdt sig en snes år og næsten blev hjemme, hvad der forskaffede ham tilnavnet *Atticus*, under hvilket han er mest bekendt. Han var en overmåde fint dannet og personlig højst elskværdig mand, som derfor var vel lidt af alle, til hvilket parti de end hørte; og således lykkedes det ham at slippe velbeholden over alle de voldsomme politiske storme, som hjemsøgte staten i hans tid og kostede så mange livet, deriblandt også hans trofaste ven Cicero.

Cato den Ældre
om alderdommen

^{Til} Titus Pomponius Atticus

Titus! om nu jeg dig hjælper og *den* bekymring forjager,
der sidder fast i dit hjærte og volder dig pine og uro,
gi'er du mig så nogen løn?

Jeg kan nemlig tiltale dig, Atticus, med de samme vers, hvormed

    manden, som ejed kun lidt, men på hvem man fuldt
                        kunne stole,

tiltaler Flamininus, — ihvorvel jeg sikkert véd, at du ikke, som Flamininus,

    plages af uro, Titus, så svart både nætter og dage;

for jeg kender jo din sjælsro og sindsligevægt, og jeg ser klart, at det ikke blot er dit tilnavn, du har bragt hjem med dig fra Athen, men også dit ædle menneskevæsen og din livsvisdom. For resten nærer jeg dog en vis formodning om, at du stundom ængstes ret svært ved de samme ting som jeg selv, forholdene i vor stat; men at bringe trøst for dem er både vanske-

ligere og må opsættes til en anden tid. Nu derimod
er det *alderdommen*, jeg har besluttet at skrive noget
om og sende det til dig.

Alderdommen er jo enten allerede nu over os
med sit tryk, eller den nærmer sig i det mindste; den-
ne byrde, som er fælles for os begge, ønsker jeg da at
se både dig og med det samme også mig selv friet for.
Og rigtignok véd jeg for vist, at *du* både bærer og vil
blive ved at bære den med sindsro og visdom som alt
andet; men alligevel, da jeg bestemte mig til at skri-
ve noget om alderdommen, stod *du* stadig for min
tanke som den mand, der fortjente at få dette skrift
til gave, — en gave, som vi begge i fællesskab kunne
have gavn af. For *mig* i det mindste har udarbejdel-
sen af denne bog været så fornøjelig, at den ikke ale-
ne har fejet mig alle oldingealderens besværligheder
bort, men endogså gjort mig alderdommen blid og
behagelig. Heraf kan man da se, at man aldrig vil
kunne lovprise filosofien så fuldt, som den fortjener
det, eftersom jo det menneske, der låner *den* øre, kan
henleve ethvert afsnit af sin livstid uden besvær. Men
om dens virkninger med hensyn til andre forhold
har jeg både allerede før talt meget og vil senere tit
og ofte komme til at tale derom; i dette skrift, jeg her
sender til dig, holder jeg mig alene til alderdommen.

Hele udviklingen har jeg lagt i munden, ikke på
Tithonos, således som Ariston fra Keos gjorde, men
på den gamle *Marcus Cato*, for at talen kunne få de-

sto større vægt; i en mytisk persons mund ville den nemlig ikke kunne få den tilbørlige vægt. Over for Cato lader jeg da *Lælius og Scipio* udtale deres beundring for ham, fordi han bærer sin alderdom så let, og så lader jeg *ham* give dem svar. Skulle du synes, at han udtaler sig mere lærd, end han selv plejer i sine egne skrifter, så betragt *det* som en virkning af hans studier i den græske litteratur, som han jo, som bekendt, dyrkede med overmåde stor iver i sin alderdom. Men hvad behøver jeg at sige mere? Nu skal jo selve Catos tale fremstille hele min anskuelse om alderdommen.

EN SAL I MARCUS CATOS HUS

Samtalens personer:
Scipio. Cato. Lælius.

Scipio

Mangen en gang har jeg tillige med Gajus Lælius her beundret den fremragende, ja fuldendte visdom, som du, Marcus Cato, lægger for dagen også i andre henseender; men allermest undrer det mig, at jeg aldrig har mærket noget til, at alderdommen faldt dig tung. Den er jo dog for de fleste oldinge i den grad besværlig, at de siger, de slæber på en byrde, tungere end Ætna[*].

---

[*] De vilde og kæmpestore jordsønner *giganterne*, den græske mytologis jætter, rejste sig til kamp mod Olympens guder; men under

Cato

Hvad I dér undrer jer over, Scipio og Lælius, synes slet ikke at være så vanskeligt at forstå. Sagen er jo den, at for de mennesker, der ikke i deres eget væsen har nogen støtte til at føre et lykkeligt og lyksaligt liv, for dem er enhver alder byrdefuld; derimod kan de, der henter al deres lykke fra sig selv, ikke se et onde i noget som helst af det, som naturens nødvendighed fører med sig; og dertil hører jo i første række alderdommen. *Den* ønsker rigtignok alle at måtte opnå; men alligevel, når de først har nået den, klager de over den: så holdningsløs, så bagvendt er menneskenes dårskab i sine domme. De siger, at den lister sig hurtigere bag på dem, end de havde tænkt sig. For det første må jeg spørge: hvem har tvunget dem til at gøre sig falske tanker om sagen? Lister nemlig alderdommen sig på nogen måde hurtigere bag på manddomsalderen end manddomsalderen på ungdommen? Og ville dernæst alderdommen måske i nogen måde være mindre trykkende for dem, om de blev 800 år gamle, end om de kun blev 80? Nej; for lad den henrundne livstid være så lang, den være vil: var den først engang runden ud, ville dens læng-

anførsel af Zeus, Athena og Herakles vandt disse til sidst fuldstændig sejr over dem. Om en af dem (hos Pindar *Tyfos*, hos Vergil *Enkelados*) hedder det, at den sejrende gud lagde Sicilien og særlig Ætnabjerget over hans legeme, for at han aldrig mere skulle kunne rejse sig igen og vælte den tunge byrde af sig; fra hans af lynildsluen halvfortærede krop slår luerne op gennem Ætna, og når han vrider sig i dødskampen, ryster hele Sicilien.

de dog ikke kunne skænke den tåbelige alderdom nogen som helst lindrende trøst.

Dersom I altså finder nogen visdom hos mig og plejer at beundre den (gid den bare svarede til jeres gode mening om mig og til det tilnavn, man har givet mig!), så lægger den sig for dagen deri, at jeg betragter naturen som en guddom og derfor følger den som den bedste vejleder og retter mig efter dens vilje. Når den nemlig har indrettet livets øvrige dele godt, hver på sin vis, er det ikke sandsynligt, at den skulle have forsømt den sidste del, således som en fusker i digtekunsten afjasker den sidste akt af sit skuespil. Det har jo imidlertid ikke kunnet være anderledes, end at noget måtte være det sidste; og ligesom det går med træernes bær og jordens frugter, når de har nået deres modenhed i behørig tid, således *måtte* også det sidste livsafsnit blive runkent, om jeg så må sige, og stå for fald; dette må da den fornuftige mand finde sig i med sagtmodighed. Ellers fører han nemlig krig mod guderne på giganternes vis; for hvad andet betyder vel dette end netop det: at kæmpe mod naturen selv?

Lælius

Ja, men hør nu, Cato, hvad jeg tør sige både på mine egne og på Scipios vegne: du vil vise os begge en overmåde kærkommen tjeneste, dersom vi, som jo håber eller dog i det mindste ønsker at blive oldinge, længe forud kan få lært af dig, hvilke fornuftbetragtninger der bedst kan hjælpe os til at bære alderdommens tiltagende tynge.

Cato

Jeg skal sandelig gerne føje jeres ønske, Lælius, særlig da hvis det vil være jer begge kærkomment, som du siger.

Lælius

Ja, hvis det ikke volder dig besvær, Cato, så ønsker vi det gerne! Du har jo ligesom tilbagelagt en lang vej, som også vi skal vandre; vi vil derfor gerne se, af hvad beskaffenhed det mål er, som du er nået til.

Cato

Jeg skal gøre det så godt jeg kan, Lælius.

Nå, jeg har altså tit været vidne til klageudbrud af mine jævnaldrende; for det går jo, som det gamle ord siger, at krage helst søger mage; og jeg har da f. eks. mangen en gang hørt de forhenværende konsuler Gajus Salinator eller Spurius Albinus, som omtrent er på alder med mig, klage sig bittert, snart over at de måtte undvære nydelser, uden hvilke livet efter deres mening slet ikke fortjente at kaldes et liv, snart over at folk, som tidligere havde plejet gerne at søge deres omgang, nu ikke mere brød sig om dem. Mig forekom det da, at de ikke rettede deres klage mod det, de burde have rettet den imod. Hvis det nemlig var alderdommen, der var skyld i, at dette skete, ville det samme jo times mig og alle andre ældre folk; men jeg har fundet mange gamle, som henlevede deres alderdom uden klage, idet de slet ikke tog sig det nær, at de var løst ud af lysternes bånd, ligesom de heller ikke var genstand for ringeagt fra deres omgivelser. Nej, grunden til alle den slags klager og det, man bør kaste skylden på, det ligger i folks eget væsen, ikke i deres alder; oldinge, som har et mildt og roligt væsen, og som hverken er vanskelige eller uomgængelige, kan nemlig henleve en alderdom, der er let at udholde; men umedgørlighed og uomgængelighed pådrager enhver livsalder bryderier.

Lælius

Ja, du har nok ret i hvad du dér siger, Cato. Men muligvis kunne en og anden gøre den indvending, at *du* på grund af din store indflydelse, din velstand og din personlige anseelse nok kan finde alderdommen lettere at udholde, men sligt kan ikke falde i manges lod.

Cato

Ganske vist har det, du dér nævner, Lælius, *noget* at sige; men *alt* beror dog ingenlunde på *det*. Tænk på, hvad man fortæller om Themistokles. Han kom engang i trætte med en mand fra den lille ø Serifos; da denne mand nu havde ytret, at det ikke skyldtes Themistokles' egen, men hans fædrendebys, Athens, ærefulde færd, at han havde vundet sig sit glimrende navn, skal Themistokles have givet ham dette svar: »Ja, det er sandt nok, at jeg aldrig ville være blevet berømt, hvis jeg var fra Serifos; men du ville heller aldrig blive det, selv om du var fra Athen.« På samme måde kan man udtale sig, når det gælder alderdommen; for, hvis man lever i de trangeste kår, kan alderdommen rigtignok ikke være let, ikke engang for den vise; men for dåren kan den på den anden side ikke undlade at være tung, selv om han svælger i den største overflod. Overhovedet, Scipio og Lælius, er de våben, der egner sig bedst til værn og støtte for alderdommen, åndelige sysler og udøvelse af ædle gerninger; har man dyrket dem i enhver livsalder, da bærer de, når man har gennemlevet et langt og indholdsrigt liv, vidunderlige frugter, ikke blot fordi evnen til dem aldrig svigter en, end ikke i livets allersidste tid (skønt det har jo rigtignok mest at betyde), men også fordi bevidstheden om en god livsførelse og erindringen om mange gode handlinger skænker en den højeste glæde.

Jeg elskede i min ungdom den gamle Quintus Fabius Maximus ganske som min jævnaldrende; hos den mand var nemlig værdig alvor krydret med venlig imødekommenhed, og alderdommen havde ikke forandret hans væsen. For resten var han, dengang jeg begyndte at høre til hans omgangskreds, endnu ikke i egentlig forstand en gammel mand, men han var dog allerede i fremrykket alder; han havde nemlig været konsul første gang året efter min fødsel, og han beklædte sit fjerde konsulat, da jeg i mit tyvende år som ganske ung soldat drog med ham til Capua og fem år derefter til Tarentum. Han førte både krig som en ungdomskraftig mand, skønt han var stærkt til års, og ved sin seje udholdenhed gjorde han den ungdommeligt fremstormende Hannibal myg; derfor har vor gode ven Ennius skrevet de herlige vers om ham:

> Een mand stilled vor stat på sit stade igen ved at nøle:
> hobens spot han ej ænsed; han tænkte kun på vor frelse.
> Derfor han siden fik ry, og nu end mere det stråler.

Og hvilken årvågenhed, hvilken rådsnildhed udviste han ikke, dengang han erobrede Tarentum tilbage fra pønerne! Ved den lejlighed var det, han i mit påhør gav Livius Macatus et godt svar. Denne havde nemlig måttet opgive byen, men holdt sig på dens borg; da han nu efter byens genindtagelse pralede og sagde disse ord: »Mig kan du takke for, Quintus Fabius, at du har taget Tarentum tilbage«, svarede Fabius smilende: »Ja, det er vist; for havde du ikke tabt byen, havde jeg aldrig taget den tilbage.« Men udmærkede han sig i våbenfærd, gjorde han det ikke mindre i fredens dage. Det var jo ham, der i sit andet konsulat, medens hans embedsbroder Spurius Carvilius slet intet gjorde, modsatte sig almuetribunen Gajus Flaminius, så længe han kunne det, da denne imod senatets vilje ville fordele statens domæner i lodder mellem de enkelte borgere; og skønt han var augur*), havde han mod til at sige, at alt, hvad man

---

*) *Augurerne* var et af de fornemste præstekollegier i Rom; af visse var-

foretog sig til bedste for staten, foretog man sig under de bedste varsler, men stilledes der lovforslag, som var til skade for staten, så stilledes de på trods af varslerne. Mange herlige egenskaber har jeg lært at kende hos den mand; men intet var dog mere beundringsværdigt end den måde, hvorpå han bar tabet af sin søn, da denne berømmelige mand, som havde været konsul, døde. Vi har endnu den ligtale, han holdt over ham; og når vi læser den, hvilken filosof agter vi så ikke ringe i sammenligning med ham? Men det var for øvrigt ikke blot i det offentlige liv og for sine medborgeres øjne, han viste sig som en stor mand; nej, inden døre og i sit hjem var han endnu mere udmærket. Hvor herlig var dog hans tale, hvilken belæring meddelte han ikke! Hvor stort kendskab havde han ikke til oldtidshistorien, hvor stor indsigt i augurretten! Han var også meget bevandret i litteraturen, af en romer at være; han kunne huske alle krige, ikke blot vore egne, men også fremmede folkefærds. Derfor nød jeg da også dengang hans underholdning med en sådan begærlighed, som om jeg

---

selstegn, særlig lynglimt og fuglenes flugt eller skrig (*auspicier*) skulle de udforske gudernes stemning over for de handlinger, som romerstaten agtede at foretage, og tilkendegive staten, om guderne billigede dem eller ej. Reglerne for varselstegnenes fortolkning indeholdtes i præsteskabets ritualbøger og udgjorde *auguralretten*. Efterhånden svandt naturligvis troen på og ærbødigheden for dette varselstyderi bort, også hos augurerne selv; således kunne en kættersk ytring som den her omtalte fremkomme fra en augur; men officielt vedblev man altid at holde på denne religionsskik.

allerede forudså, hvad der virkelig blev tilfældet, at når først han var død, ville jeg ikke mere finde nogen, af hvem jeg kunne lære.

Hvorfor har jeg nu talt alle disse mange ord om Fabius Maximus? Jo, fordi I efter dette sikkert kan indse, at det ville være stor uret at sige, at en alderdom som hans har været ulykkelig. Imidlertid kan jo ikke alle mennesker være folk som Scipio eller Maximus, så at de i deres erindring kan genkalde sig byers indtagelse, kampe til lands eller til søs, krige, som de selv har ført, og triumfer, de har holdt. Ja, men også når man har henlevet sit liv i stille ro og i sædelig renhed og skønhed, følger der til sidst en blid og mild alderdom, en sådan alderdom, som vi har hørt Platon nød, han, som døde med pennen i hånden i sit 81. år, eller som taleren Isokrates fik, han, som selv siger, at han har skrevet den bog, der bærer titlen »Panathenaikos«, i sit 94. år, og som endnu levede fem år derefter. Dennes lærer, Gorgias fra Leontinoi, levede fulde 107 år og blev dog aldrig mat i sine studier og sin virksomhed. Da der engang blev rettet det spørgsmål til ham, hvorfor han gad dvæle så længe i livet, svarede han: »Jeg har ingen grund til at klage over alderdommen.« Et herligt svar, rigtig en dannet mand værdigt! Det er nemlig deres egne lyder og deres egen skyld, som dårerne skyder over på alderdommen; men således bar den mand sig ikke ad, som jeg for lidt siden omtalte, Ennius:

»Ret som den kraftige hest, der tit i Olympia sejren
vandt i det yderste løb, nu mat af ælde han hviler«

siger han om sig selv, idet han sammenligner sin egen
alderdom med en kraftig og sejrsvant hests. *Han* blev
70 år gammel, og i den alder bar han de to byrder,
der anses for de allerstørste, fattigdom og alderdom,
på en sådan måde, at han næsten syntes at finde en
glæde i dem. —

Når jeg nu fremdeles i tanken overskuer emnet i
dets helhed, finder jeg fire grunde, som kan virke til,
at alderdommen synes ulykkelig. Den første er den,
at den gør en uskikket til forretninger; den anden
den, at den gør legemet svagere. Hertil kommer så
for det tredje, at den berøver en næsten alle nydelser;
og for det fjerde, at den ikke er langt borte fra døden.
Lad os da nu, om I synes så, betragte hver enkelt af
disse grunde og prøve, hvor stor vægt og hvilken gyl-
dighed enhver af dem har.

Alderdommen, siger man, gør en uskikket til for-
retninger. — Hvilke forretninger? Dog vel kun dem,
som der hører ungdom og legemskræfter til at ud-
føre? Men gives der da ingen gammelmandsforret-
ninger, som man, selv om ens legeme er svagt, dog
kan udføre og lede med ånden? Bestilte da Quin-
tus Maximus intet? eller Lucius Paullus, din fader,
Scipio, og min fortræffelige søns svigerfar? Og nu
de øvrige oldinge, vor historie nævner, mænd som
Fabricius, Curius og Coruncanius, bestilte de slet

intet, når de værnede om staten ved deres kloge råd og vægtige personlighed? Appius Claudius var ikke blot olding, men oven i købet blind: men alligevel, da stemningen i senatet hældede til, at man skulle slutte fred og forbund med kong Pyrrhos, tog han ikke i betænkning at sige de herlige ord, som Ennius har sat på vers:

> Ranke og rette i sind I plejede forhen at være:
> hvi da lader I nu jer lamme og bøje af afsind?

Hans andre, såre vægtige udtalelser skal jeg ikke anføre, for Ennius' digt er jer vel bekendt; og for resten har vi jo endnu Appius' egen tale. Se, således virkede han under krigen med Pyrrhos; han må dengang have været højt oppe i årene, og alligevel har han efter vore fædres beretning kunnet optræde så kraftigt. Det er altså noget intetsigende snak, *de* kommer med, der siger, at alderdommen ikke kan have noget at gøre med forretninger; det er ganske det samme, som om nogen ville sige, at styrmanden ikke bestiller noget under sejladsen, af den grund, at *han* sidder rolig i bagstavnen med rorpinden i hånden, medens de øvrige folk dels klatrer op i masterne, dels løber omkring mellem rorbænkene, dels pumper bundvandet ud af skibet. Ganske vist gør alderdommen ikke det, de unge gør; men den gør, hvad der er langt vigtigere og bedre. Det er nemlig ikke ved legemskræfter eller ved behændige eller raske legemsbevægelser, at store ting udføres; nej, det er ved rådsnildhed, ved personlighedens magt og ved forstandig tale under rådslagninger; og evnen til at virke på disse måder plejer ikke blot ikke at svinde bort, men tværtimod endog at tiltage hos alderdommen. For I kan dog vel aldrig mene, at jeg, som har tumlet mig om i forskellige slags krige både som menig soldat og som officer og som øverste hærfører, — at *jeg* sidder ørkesløs hen nu, da jeg ikke mere fører krig. Til gengæld giver jeg jo senatet anvisning på, hvad der bør gøres, og på hvad måde det skal gøres; og hvad særlig angår Karthago, som allerede længe har haft ondt i sinde mod os, da erklærer jeg det selv på forhånd krig, inden det angriber os; for fra den bys side vil jeg aldrig høre op med at frygte for fare, før jeg får at vide, at den er ødelagt i bund og grund. Gid de udødelige guder måtte gemme den sejrspalme til dig, Scipio, så *du* kan føre det til ende, hvad din bedstefader lod stå ufuldendt! Han har nu været død i over 35 år, men mindet om *den* mand vil gå i arv til alle efterfølgende tider. Mon *han* da, om han havde levet endnu, ville være misfornøjet med sin alderdom? Nej; for rigtig nok ville han ikke kunne befatte sig med øvelser i løb eller spring, ikke heller med fjernkamp med spyd eller nærkamp med sværd, men han ville gøre brug af sin rådsnildhed, sin fornuft, sin indsigt. Hvis nemlig disse egenskaber ikke fandtes hos oldinge, ville vore forfædre ikke have kaldt statens højeste råd for senatet, dvs. oldingerådet. Ja hos lakedaimonierne kaldes de, der beklæder den fornemste øvrighedsstilling, ligefrem »oldinge«, hvad de også i virkeligheden er. Og dersom I vil læse eller høre fortælle om fremmede folkefærds historie, vil I finde, at de mægtigste stater er blevet bragt til fald af ynglinge, men opretholdt eller stillet på fode igen af oldinge.

»Fortæl, hvordan I har så snart forlist jer stat, som var
                                                        så stærk?«

Således lyder jo spørgsmålet i et skuespil af vor digter Nævius; og der gives blandt andet særlig dette svar:

»Ny folkeledere trådte frem, ukloge *unge* mennesker.«

Uklog fremfusenhed er nemlig en egenskab, der tilhører den blomstrende alder, medens klog besindighed tilhører oldingealderen. —

»Ja, men folks hukommelse svækkes dog med alderen.« — Ja, det er troligt nok, hvis man ikke øver den, eller også hvis man af naturen er noget sløv på ånden; men ellers ikke. Themistokles havde tillært sig navnene på alle sine medborgere; mener I da, at *han* i sin fremrykkede alder plejede at hilse den, der i virkeligheden hed Aristeides, med navnet Lysimachos? Jeg for mit vedkommende kender ikke blot navnene på dem, der lever nu, men også på deres fædre og bedstefædre, — og jeg er ikke bange for, at jeg skal miste min hukommelse ved at læse gravindskrifter, som man siger; tværtimod opfrisker jeg netop ved at læse dem mindet om de afdøde. Jeg har da virkelig heller aldrig hørt, at nogen som helst gammel mand skulle have glemt, på hvilket sted han havde nedgravet en skat. Nej, alt, hvad de har interesse for, husker de også, som f. eks. at møde for retten til den fastsatte tid, eller hvem der er i gæld til dem, og hvem de selv er i gæld til. Og tænk nu på gamle retskyndige, gamle præster, gamle filosoffer: hvor mange ting gemmer de ikke i deres hukommelse? Overhovedet kan oldinge vedblive at bevare deres fulde åndskraft, når de blot stadig fastholder deres interesse og flid; og dette gælder ikke blot om berømte mænd, som har beklædt høje æresstillinger, men også om dem, der henlever et stille liv som privatmænd. Sofokles skrev tragedier lige til sin højeste alderdom. Da nu hans sønner syntes, at han på grund af sin syslen hermed forsømte sit husvæsen, stævnede de ham for retten, for at dommerne skulle fjerne ham fra bestyrelsen af husets pengesager som en mand, der gik i barndom, ganske på samme måde som man efter den hos os herskende retsskik plejer at umyndiggøre husfædre, som bestyrer husets formue dårligt. Da fortæller man, at den gamle mand forelæste dommerne en tragedie, han havde i hånden og lige for nylig havde skrevet; det var den, der hedder »Oidipus i Kolonos«; og så spurgte han dem, om de mente, at denne digtning tydede på, at han gik i barndom; og efter at dommerne havde hørt den læse op, kendte de enstemmigt klagen mod ham for uberettiget. Har altså alderdommen tvunget ham eller Homer eller de andre store digtere eller talere eller de ypperste blandt filosofferne, hvis navne alle kender, til at forstumme? Eller er de ikke alle blevet ved med at dyrke deres åndelige sysler lige så længe, som deres liv varede? — Nå, men for nu ikke at tale mere om disse guddommelige sysler, så kunne jeg godt nævne romerske landmænd fra sabinermarken, naboer og gode venner af mig selv, som trods deres alder selv er med i alt, så at der i deres fraværelse næsten aldrig foretages nogen betydeligere arbejder på marken, hverken med at så eller høste kornet eller med at lægge det i lade. Og rigtignok er der mindre grund til at undre sig over dette, når talen er om den slags arbejder, hvoraf de selv personlig kan vente at få udbyttet; for ingen er *så* gammel, at han ikke tror, han nok kan leve et år til; men de gør sig også ulejlighed med sådanne arbejder, som de véd aldeles ingen betydning har for dem selv personlig. »Lad en landmand«, siger vor gode Cæcilius Statius i en af sine komedier, »være så gammel, det skal være; alligevel

træer han planter, som gavne skal næste slægt;«

og han betænker sig ikke på at give den, der spørger ham, for hvem han planter dem, dette svar: »For de udødelige guder, hvis vilje det har været, at jeg ikke blot skulle modtage min ejendom her efter mine forfædre, men også overgive den til mine efterkomme-re.«

Det nys anførte udsagn af Cæcilius om oldingen, som drager omsorg for den næste slægt, fortjener da også mere ros end følgende af den samme digter:

> »I sandhed, alderdom, selv om intet andet ondt
> dit komme fører med sig, ene *det* er nok,
> at i et langt liv ser man meget, man ikke vil.«

Ja, men måske også meget, som man vil; og tit møder da også ungdommen på sin vej det, som den ikke vil. Endnu mere må man dog laste følgende ord af den samme Cæcilius:

> »Ved alderdommen regner jeg dog *det* for værst:
> at mærke, at man selv er andre til besvær.«

Nej, meget snarere til behag end til besvær! Ligesom nemlig forstandige oldinge glæder sig ved ynglinge, der er udrustede med gode anlæg, og alderdommen bliver lettere for dem, når de mødes med agtelse og kærlighed af ungdommen, således glæder omvendt slige ynglinge sig ved oldinges belærende ord, som leder dem til at lægge vind på alskens dygtig færd. *Jeg* kan da heller ikke mærke noget til, at jeg skulle være mindre behagelig som omgangsfælle for jer, Scipio og Lælius, end I er det for mig.

Nå, men nu kan I altså se, hvorledes gamle folk ikke blot ikke er slappe og uvirksomme, men tværtimod endog arbejder flittigt og altid tager sig noget for, altid anstrenger sig med et eller andet, naturligvis noget sådant, som svarer til den syssel, enhver især har dyrket i den foregående del af sit liv. Og tænk så på de oldinge, der endogså lærer noget nyt til; det ser vi jo for eksempel Solon rose sig af i sine vers, hvor han siger, at han ældes, alt imens han for hver dag lærer noget mere; og således har også jeg selv gjort, idet jeg i min alderdom har gjort mig bekendt med den græske litteratur; ja, den har jeg endda søgt at tilegne mig med en sådan begærlighed, som om jeg attråede at slukke en langvarig tørst, og derved har jeg vundet kendskab til selve de ting, I nu ser mig anvende som eksempler. Og da jeg her fik at høre, at Sokrates i sin alderdom havde lært sig til at spille på cithar (for i gamle dage plejede folk at lære dette), ville jeg ganske vist ønske, at jeg også havde gjort det samme; men med litteraturen i det mindste har jeg gjort mig umage.

Vi kommer nu til det *andet* punkt blandt de ting, man laster alderdommen for: den svækker ens legeme. Ja, men heller ikke i min nærværende alder savner jeg en ung mands legemskræfter, lige så lidt som jeg i min ungdom savnede en tyrs eller en elefants. Sit brug bør man indrette efter, hvad man har, og sit arbejde, hvad man nu end tager sig for, bør man lempe efter de kræfter, man besidder. Kan man nemlig tænke sig nogen mere foragtelig ytring end følgende af den berømte atlet Milon fra Kroton?[*] Da han om-

---

[*] Den græske nybygd *Kroton* i Syditalien udmærkede sig i sin blomstringstid (særlig i slutningen af 6. årh. f. Kr.) ved sin sunde og kraftige befolkning; dens læger var berømte, og dens brydekæmpere, for hvilke den her nævnte Milon var en type, vandt mange sejre i de store græske

sider var blevet en olding og så engang så brydekæmperne øve sig på kamppladsen, skal han have set på sine egne armmuskler og derpå, idet han brast i gråd, have sagt: »Ak, men disse her er allerede døde!« Nej, sandelig ikke de så meget som du selv, din tosse! Men det er da heller ikke fra din egen person, du nogensinde har hentet dig navnkundighed, men kun fra din brystkasse og dine armmuskler. Aldrig har man hørt en slig ytring fra Sextus Ælius, aldrig fra Tiberius Coruncanius, aldrig fra Publius Crassus, vore store retslærde, som gav deres medborgere vejledning på rettens område, og hvis kyndighed holdt sig usvækket lige til deres sidste åndedrag. For en talers vedkommende kan jeg rigtignok være bekymret for, at han skal tabe sin kraft med alderdommen; for til hans gerning kræves der ikke blot åndskraft, men også stærke lunger og legemskræfter; og nægtes kan det jo ikke, at den kraftige klang i stemmen kaster glans over talen, også hos en olding, hvad grunden nu end kan være dertil; *det* er et gode, som jeg for mit vedkommende indtil nu heldigvis har været forskånet for at miste, skønt I ser, hvor gammel jeg er. Men alligevel klæder dog også en stille og dæmpet tale en olding godt; og en veltalende gammel mands sindige og milde foredrag tiltvinger sig opmærksomhed alene ved sin egen indre magt. Skulle det imidlertid komme dertil, at man ikke længere selv kan holde

---

nationalvæddekampe i Olympia og andre steder.

taler, så kan man jo dog give en Scipio eller en Læli-us vejledning deri, og *det* kan også have sit værd; for kan der tænkes noget behageligere end en alderdom omringet af lærelystne ynglinge? Eller vil vi måske ikke engang lade alderdommen beholde *så* mange kræfter tilbage, at den kan belære de unge, undervi-se dem, udruste dem til løsningen af enhver opgave, som pligten kan stille dem? Mig forekom det i sand-hed, Scipio, at dine to bedstefædre, Lucius Æmilius og Publius Africanus, måtte regnes for lykkelige, når jeg så det følge af fornemme ynglinge, der samlede sig om dem; og overhovedet kan det ikke være andet, end at alle, der oplærer andre til ædle sysler, må anses for lyksalige, hvor meget så end deres legemskræfter er blevet svækket og har tabt sig ved alderdommen.

Men for øvrigt er selve den svækkelse af kræf-terne, som man taler så meget om, hyppigere en virkning af ungdommens synder, end den skyldes alderdommen; for et udsvævende og umådeholdent ungdomsliv overgiver et afkræftet legeme til alder-dommen. Ellers kan kræfterne godt bevares. Således siger Kyros hos Xenofon i den tale, han holdt på sit dødsleje, efter at han var blevet en meget gammel mand, at han aldrig har mærket noget til, at hans al-derdom var blevet mindre kraftig, end hans ungdom havde været. Og jeg kan fra min barndom huske, at Lucius Metellus, som allerede var godt til års, den-gang han blev valgt til ypperstepræst, og som siden beklædte dette præsteembede 22 år igennem, — at *han* i den sidste tid af sit liv havde så gode kræfter, at han slet ikke ønskede sig sin ungdom tilbage. Efter disse eksempler er der egentlig ikke den mindste nødvendighed for, at jeg skal tale om mig selv; men det er jo gammelmands skik og holdes vor alder til gode. Ser I for eksempel ikke, hvorledes Nestor hos Homer meget ofte taler i høje toner om sine heltebedrifter? Han var jo da også kommet så vidt, at han så det tredje slægtled af mennesker omkring sig, og han behøvede ikke at frygte for, at man skulle finde ham enten alt for vigtig eller alt for snakkesalig, når han overensstemmende med sandheden talte rosende om sig selv. Fra hans tunge flød jo tilmed, som Homer siger, talen sødere end honning; og til den sødme behøvede han ingen legemskræfter. Men trods hans høje alder ønsker alligevel Agamemnon, grækernes anfører, sig ingensteds ti hjælpere som Aias, men ti som Nestor; og han siger, at skulle den lykke times ham, tvivler han ikke på, at Troja snart vil gå til grunde. Nå, men jeg vender nu tilbage til mig selv. Jeg går nu i mit 84. år. Ganske vist ville jeg ønske, at jeg kunne sige det samme til min ros som Kyros; men så meget kan jeg i ethvert fald sige, at, om jeg end ikke mere har de samme kræfter, som jeg havde enten dengang, da jeg tjente som soldat under den puniske krig eller som kvæstor under den samme krig, eller da jeg som konsul førte krig i Spanien, eller fire år senere, da jeg som krigstribun sloges drabeligt ved Thermopylæ, så har dog, som I selv kan se, alderdommen ikke fuldstændig berøvet mig min kraft, ikke helt slået mig ned. Senatssalen savner ikke kræfter hos mig, heller ikke talerstolen på torvet, heller ikke mine venner eller klienter eller mine gæstevenner fra fremmede stæder. Jeg har nemlig aldrig billiget det gamle og forroste ord: »Tidlig skal du gammel vorde, om du længe vil gammel være.« Nej tværtimod, *jeg* ville hellere være gammel mindre længe end være gammel, før jeg virkelig var det. Derfor har jeg aldrig lige til den dag i dag ladet sige til nogen, som ville have mig i tale, at jeg ikke havde tid. »Ja, men jeg har dog ikke så mange kræfter som en af jer to, ligegyldig hvem.« Sandt nok! Men I har da heller ikke kræfter som den kæmpekarl, centurionen Titus Pontius: står *han* måske derfor over jer? Nej, det kommer kun an på, at enhver anvender sine kræfter med fornuftig beregning og ikke tager større anstrengelser på sig, end hans evne strækker til: så vil han sandelig ikke i synderlig grad føle savnet af kræfter. Om den førnævnte Milon fortæller man, at han engang skred hen gennem rendebanen i Olympia med en levende okse på sine skuldre: skal man da nu helst ønske sig at få *hans* legemsstyrke eller Pythagoras'[*] åndskraft? Og for nu at afslutte disse

---

[*] Til denne by kom også i tiden c. 530-520 f. Kr. den store vismand *Pythagoras* fra Samos og stiftede dér pythagoræernes mærkelige filoso-

betragtninger, så er legemsstyrke et gode, som man skal bruge, medens man har det, men ikke føle savnet af, når det er borte: medmindre måske også ynglinge skal ønske sig deres barndom tilbage, eller de, der er rykkede lidt videre frem i alder, skal længes efter deres ungdom. Livets gang er bestemt, og naturen kender kun een vej, som tilmed er ganske simpel og ligefrem; ethvert enkelt livsafsnit har fået anvist sin for *det* passende og betimelige særegenskab, således at både barnealderens svaghed og ungdommens ubændighed og den satte alders alvor og oldingealderens modenhed har noget ved sig, der stemmer med naturens orden; hver ting må man altså tage imod, når *dens* tid kommer.

Så vidt jeg tror, Scipio, har du også hørt fortælle om, hvorledes kong Masinissa i Numidien, din gæsteven fra din bedstefaders tid, indretter sin færd endnu den dag i dag, da han er 90 år gammel: når han har begivet sig på vej til fods, indlader han sig slet ikke på at stige til hest; når han derimod er rejst ud til hest, stiger han ikke af hesten; ingen regnskyl, ingen kulde kan få ham til at gå med bedækket hoved. Hans legeme er da også kærnesundt i fuldeste mål; og derfor kan han besørge alle sine pligter og forretninger som konge. Heraf ser man altså, at øvel-

---

fisk-religiøse brodersamfund, som i den følgende tid vandt stor indflydelse på statsstyrelsen både i Kroton og i mange andre af de græske nybygder i Italien. For øvrigt siges den før nævnte Milon selv at have været pythagoræer.

se og selvbeherskelse kan bevare noget af den fordums kraft hos en også i alderdommen.

Lad os imidlertid gå ind på den påstand, at alderdommen ikke har kræfter: så kræver man jo heller ikke kræfter af alderdommen. Derfor er vor alder både efter lovenes bud og efter de herskende vedtægter fritaget for den slags forretninger, som ikke kan udføres uden legemskræfter; og i medfør heraf tvinges vi ikke blot ikke til det, vi ikke evner, men ikke engang til så meget, som vi virkelig evner. — »Ja, men der er mange oldinge, som er i den grad kraftløse, at de ikke evner at udføre nogen som helst gerning, pligten eller overhovedet livet pålægger dem.« — Sandt nok, men det er en skade, der ikke særlig følger med alderdommen, men i det hele taget kan skyldes ens konstitution. Hvor skrøbelig var ikke for eksempel Publius Africanus' søn, han, som har adopteret dig, Scipio! Hvor svagt var ikke hans helbred — eller rettere sagt, man kan slet ikke tale om helbred i forbindelse med hans navn! Havde det ikke været således, ville han være blevet til en ny stjerne på vor stats himmel; for han havde ikke alene arvet sin faders sjælsstorhed, men dertil også fået en rigere dannelse. Men hvad underligt er der så i, at oldinge en gang imellem kan være skrøbelige, når ikke engang ynglinge kan undgå sligt?

Det gælder, Scipio og Lælius, om at stå alderdommen imod og at bøde på dens svagheder ved omhu.

Man må kæmpe mod alderdommen på samme måde som mod sygdommes anfald: man skal tage hensyn til sin helbredstilstand, bruge passende øvelser, blot tage så megen spise og drikke til sig, at legemets kræfter kan blive fornyet derved, men ikke overvældes deraf. Dog er det ikke legemet alene, man må hjælpe på, men endnu langt mere sjælen og ånden; for ellers udslukkes også *deres* kraft ved alderdommen, ret som det går med en lampe, hvis man ikke hælder olie på den. Og medens legemet bliver tungere ved den udmattelse, der følger med øvelserne, bliver sjælen derimod lettere, når man stadig holder den i øvelse. Når nemlig digteren Cæcilius taler om »komediens dumme gamlinger«, så mener han dermed den slags oldinge, som man kan bilde alt muligt ind, som ingen ting kan huske, som overhovedet er helt slappe; men disse fejl tilhører ikke alderdommen som sådan, men kun den dorske, sløve, søvnige alderdom. Ligesom letfærdighed og sanselighed mere findes hos ynglinge end hos oldinge, men dog ikke hos alle ynglinge, men kun hos dem, hvis karakter ikke er god, således findes den slags gammelmandståbelighed, som man betegner med udtrykket »at gå i barndom«, kun hos oldinge, der mangler åndeligt hold, ikke hos alle. Appius Claudius, som jeg før omtalte, var både blind og gammel, men alligevel havde han styret på sine fire kraftige sønner, fem døtre, hele sin store husstand og alle sine mange klienter; han holdt nemlig sin sjælskraft spændt som en bue og bukkede ikke mat under for alderdommen. Han vedblev stadig at bevare ikke blot sin personlige indflydelse men også sit herredømme over sine omgivelser; hans trælle frygtede ham, hans børn bøjede sig ærbødigt for ham, alle havde ham kær; i hans hus levede gammel romersk skik og tugt i sin fulde kraft. *Det* er nemlig betingelsen for, at alderdommen kan stå i ære: den må værne om sig selv, den må fastholde sin ret, den må ikke gøre sig til slave for nogen, den må lige til sit sidste åndedrag herske myndigt over sine omgivelser, næsten som med en *ynglings* kraft. Ligesom jeg nemlig godt kan lide en yngling, som i sit væsen har *noget*, der minder om oldingen, således kan jeg godt lide en olding, som har noget ved sig, der minder om ynglingen; og den, der stræber herefter, vil nok kunne blive gammel på legemet, men aldrig vil han blive det på sjælen. Jeg er nu i færd med at arbejde på den syvende bog af mit værk om Roms og de italiske staters historie; jeg samler på alle mindesmærker fra vor oldtid; just i denne tid er jeg ved at udarbejde mine taler i alle de mærkelige retssager, i hvilke jeg er optrådt som sagfører; jeg sysler med studier i den præstelige og den borgerlige ret; meget beskæftiger jeg mig også med den græske litteratur, og på pythagoræernes vis genkalder jeg mig, for at øve min hukommelse, hver eneste aften i erindringen, hvad jeg den pågældende dag har sagt eller hørt eller taget mig for. Dette er min ånds øvelser, dette er min sjæls tumleplads; og idet jeg anstrenger mig og arbejder ivrigt med disse ting, savner jeg ikke i nogen synderlig grad legemets kræfter. Jeg står mine venner bi for retten; jeg kommer hyppigt i senatet, og af mig selv bringer jeg sager, som jeg har tænkt meget og længe over, frem til forhandling dér; og disse gerninger besørger jeg med sjælens, ikke med legemets kræfter. Men selv om jeg ikke kunne udføre dette i gerning, ville det dog fornøje mig at ligge på mit leje og i tanken sysle netop med det, jeg ikke længere evnede at udføre; at jeg imidlertid evner det, skylder jeg den måde, jeg har henlevet mit liv på. Når man nemlig stadig lever i denne slags sysler og arbejder, mærker man slet ikke noget til, når alderdommen lister sig bag på en; således glider ens liv ganske sagte ind i alderdommen, og dets kraft knækkes ikke pludseligt, men udslukkes efterhånden i tidens længde, uden at man føler noget dertil.

Nu kommer vi til den *tredje* anke mod alderdommen: den må, påstår man, give afkald på nydelser og fornøjelser. Men er det dog ikke en herlig gave, den alder bringer os, hvis den virkelig befrier os fra det, der er den værste fejl ved ungdommen? Nu skal I nemlig, I fortræffelige unge mennesker, høre en gammel udtalelse af pythagoræeren Archytas fra Tarentum, en af de største og berømmeligste mænd, der nogensinde har levet; den blev meddelt mig dengang, da jeg i min ungdom var i Tarentum sammen med Quintus Maximus. Archytas plejede at sige, at naturen ikke har skabt nogen farligere ulykke og fordærvelse for menneskene end sanselig nydelse, eftersom de lidenskaber, der begærligt attrår den slags nydelse, ganske blindt og tøjlesløst haster hen imod at komme i besiddelse af den. Herfra, udviklede han, har forræderier mod fædrelandet, omvæltninger i staternes forfatningsforhold og hemmelige forhandlinger med fjenderne deres udspring; der gives kort sagt ingen forbrydelse, ingen slet handling, som ikke den vellystige attrå efter nydelse kan drive folk til at indlade sig på; men særlig er det dog voldtægt, ægteskabsbrud og alle slige skændselsgerninger, der ene og alene fremkaldes ved den sanselige nydelses tillokkelser. Og når fornuften er den ypperste gave, som naturen eller en guddom, hvad man nu vil kalde det, har skænket mennesket, så har denne guddommelige skænk og gave ingen anden fjende, der er så farlig som den sanselige nydelse. Så længe nemlig lidenskaben hersker, er der ingen plads for mådehold og selvbeherskelse, og overhovedet kan dyden slet ikke finde noget blivende sted dér, hvor vellysten spiller konge. For at man bedre kan forstå dette, sagde han, skal man i tanken forestille sig et menneske, som er hidset op ved det største mål af sanselig nydelse, som det overhovedet er muligt for nogen at rumme; så vil, efter hans mening, ingen kunne være i tvivl om, at så lang tid igennem, som dette menneske befinder sig i en sådan glædens rus, vil han ikke kunne tage sig nogen åndelig syssel for, ikke kunne anstille nogen fornuftig overvejelse, ikke tænke rigtigt over noget som helst. Og netop derfor er intet så afskyværdigt eller så fordærveligt som sanselig nydelse, så sandt som den jo, når den har lidt mere end almindelig styrke og varer ved i længere tid, udslukker ethvert lys i sjælen. Det var tarentineren Nearchos, min gæsteven, som var vedblevet at være romernes fuldtro ven, — det var ham, der fortalte mig, at han havde hørt af ældre folk, at Archytas havde fremsat den her udviklede anskuelse i en samtale med samnitteren Gajus Pontius; og ved den lejlighed havde Platon fra Athen været til stede og hørt på samtalen. Hvorfor har jeg nu fortalt jer dette? Jo, det har jeg gjort, for at I kan indse, at hvis vi ikke ved fornuftens og forstandens hjælp kan vise den sanselige nydelse fra os med foragt, bør vi være alderdommen i høj grad taknemmelig, så sandt som den har den virkning, at man ikke har lyst til det, man ikke bør. Sanselig nydelse hindrer nemlig forstandigt overlæg, er fornuftens fjende, binder, om jeg så må sige, sjælens øjne til og har intet som helst at skaffe med dyden.

Hør engang fra vor egen tid et eksempel på, hvad denne lyst kan drive folk til. Det var kun ugerne, jeg indlod mig på at udstøde den udmærket brave Titus Flamininus' broder Lucius Flamininus af senatet syv år efter, at han havde været konsul; men jeg mente, at hans vellystige attrå fortjente at brændemærkes således. Dengang han nemlig som konsul opholdt sig i Gallien, fik en elskerinde ham under et gæstebud ved sine bønner overtalt til at lade en af de dødsdømte forbrydere, der sad i fængslet, halshugge for selskabets øjne. Lucius havde undgået sin straf herfor, dengang hans broder Titus, som beklædte censorembedet nærmest forud for mig, var censor; men jeg og min medcensor Flaccus kunne på ingen som helst måde lade en så skændselsfuld og så ryggesløs vellyst gå ustraffet hen: den havde jo ikke alene bragt skam over ham selv personlig, men tillige vanæret hans høje embedsmyndighed.

Ofte har jeg hørt fortælle af ældre folk, som atter sagde, at de i deres barndom havde hørt det af gamle mænd, at Gajus Fabricius mange gange havde udtalt sin forundring over, hvad han på sin sendefærd til kong Pyrrhos havde hørt af dennes ven og rådgiver, thessaleren Kineas. Denne havde fortalt ham, at der i Athen levede en mand*), som udgav sig for visdomslærer, og som lærte, at alle vore handlinger bør værdsættes efter den nydelse, de skaffer os. Når

---

*) Der menes hermed *Epikur*, stifteren af epikuræernes filosofiske skole. Hans lære om »nydelsen« som moralprincip var i virkeligheden meget ædruelig og smuk; men den blev ret almindeligt, særlig hos romerne, misforstået og fordrejet, som om den indeholdt en opfordring til at søle sig i alskens sanselige nydelser, medens for Epikur selv »nydelse« (*hedoné*) nærmest betød: uforstyrret sjælefred.

Manius Curius og Tiberius Coruncanius, fortalte de, hørte dette af Fabricius, plejede de at ønske, at man kunne bringe samnitterne og selve Pyrrhos til at hylde *den* anskuelse; for så ville man lettere kunne få bugt med dem, når de først havde givet sig nydelserne i vold. Manius Curius havde levet sammen med Publius Decius, som fem år før hans konsulat havde opofret sit liv for staten; også Fabricius kendte Decius, og det samme gjorde Coruncanius; og disse mænd var både ud fra deres egen livsførelse og særlig ud fra den nysomtalte Decius' handlemåde kommet til den faste overbevisning, at der visselig gives noget, som efter sit eget væsen er skønt og herligt, så at man attrår det for dets egen skyld, og enhver, jo bedre mand han selv er, desto ivrigere stræber efter det med tilsidesættelse af og foragt for nydelsen.

Hvorfor har jeg nu talt alle disse mange ord om nydelsen? Jo, fordi det heraf vil fremgå, at det ikke blot ikke er nogen dadel over alderdommen, men tværtimod endogså den største ros for den, at den ikke attrår nogen nydelser synderlig stærkt. Den kan ikke være med til overdådige gilder med rigt besatte borde og talrige bægre; sandt nok, men så er den også fri for beruselse og dårlig fordøjelse og søvnløshed. Hvis man imidlertid skal gøre nogen indrømmelse til nydelsen, eftersom vi jo ikke har let ved at modstå dens tillokkelser (for det er et ganske fortræffeligt udtryk, Platon har fundet, når han kalder nydelsen for »lasternes agn«, naturligvis fordi menneskene lader sig fange ved den, ligesom fiskene ved lokkemaden på krogen), så kan alderdommen, ihvorvel den ikke kan være med til overdrevne gildelag, dog finde fornøjelse ved beskedne gæstebud. I min barndom så jeg tit den gamle Gajus Duellius, Marcus' søn, ham, som under den første krig med pønerne havde vundet vor første søsejr over dem, vende hjem til sit hus om aftenen efter at have været i middagsselskab; han fandt en fornøjelse i at lade sig ledsage hjem af voksfakler og fløjtespillere, en æresbevisning, som han, skønt han ikke beklædte nogen offentlig stilling, egenmægtig havde tiltaget sig uden at have noget forbillede at henvise til: så megen frihed tillod hans berømmelse ham at tage sig. Men hvorfor tale om andre? Jeg vil nu atter vende tilbage til mig selv. For det første har jeg altid haft klubbrødre; klubber begyndte man nemlig at stifte i det år, da jeg var kvæstor, efter at man havde indført dyrkelsen af den store gudemoder fra Idabjærget*). Jeg holdt altså i de

---

*) Det var *Kybele*, en mægtig naturgudinde i visse forasiatiske folks religion; hendes hovedtempel fandtes ved byen Pessinus i det østlige Frygien. Under den anden puniske krigs trængsler gav de sibyllinske og andre spådomsbøger romerne anvisning på at søge hendes hjælp, og ved et gesandtskab blev da hendes billede, en rå sten, hentet fra Pessinus og under store højtideligheder ført ind i Rom af »Roms bedste mand« P. Scipio Nasica og de fornemste romerske kvinder (år 204), og hun blev optaget blandt statens anerkendte guder. Til minde om denne højtid stiftede mænd af det romerske aristokrati da klubber med gilder; disse klubber fik siden ikke ringe betydning i det politiske liv.

tider jævnlig gilder sammen med mine klubbrødre; lidt hede var vi jo nok, det fulgte nu med den unge alder; først efter som denne rykker længere frem, bliver alt mere afdæmpet dag for dag; men i det hele taget gik dog alt meget beskedent til ved disse gilder. Sagen var nemlig den, at jeg ikke vurderede fornøjelsen ved dem efter de nydelser for legemet, der fulgte med dem, men tværtimod efter den vennekreds, der samledes, og de samtaler, der førtes. Det er nemlig et godt udtryk, vore forfædre har fundet på til at betegne venners væren til bords sammen ved gæstebud, idet de har kaldt det med et ord, der egentlig betyder »samliv«, fordi det medfører en sammenslutning i livet; de har her været heldigere end grækerne, som til at betegne det samme snart bruger et udtryk, der betyder »fællesdrikning«, snart et, der betyder »fællesspisning«, således at de synes at sætte mest pris på det, der er det mindst betydende ved det her omhandlede forhold. Men dernæst finder jeg endnu stadig, på grund af den fornøjelse, samtale skaffer mig, endogså behag i sådanne gæstebud, der begynder tidligt og trækker længe ud; det fornøjer mig ikke blot at være således sammen med jævnaldrende, hvoraf jeg nu kun har meget få tilbage, men også at samles med folk af jeres alder og med jer selv; og jeg er alderdommen meget taknemmelig, fordi den har forøget min lyst til samtale, men befriet mig for den stærke attrå efter drikke og spise. Men hvis der for resten er nogen, som også finder fornøjelse ved disse ting (jeg siger dette, for at det ikke skal se ud, som om jeg helt og holdent har erklæret nydelsen krig, eftersom et vist mål af den muligvis nok stemmer med naturens orden), så kan jeg ikke indse, at alderdommen, selv når talen er om denne slags nydelser, skulle være stump og følesløs derfor. Mig fornøjer virkelig både stillingen som leder ved drikkelag, sådan som dette forhold er indrettet af vore forfædre, og den underholdning, som efter gammel romersk skik bruges ved bægeret, og ved hvilken den gæst, der sidder øverst, lægger for; jeg holder af småbægre, hvoraf man nyder drikken dråbevis, sådan som det går til ved det »drikkelag«, Xenofon skildrer i sin bog med denne titel, og jeg kan godt lide afkøling ved sommertide og i modsætning dertil solskin eller varmen fra arnen ved vintertide. *Den* slags nydelser plejer jeg også at søge, når jeg er ude på min gård i sabinerlandet: hver eneste dag samler jeg dér mine naboer hos mig til et fuldt besat gæstebud, som vi så trækker ud til langt hen på natten under en så rigt afvekslende underholdning, som vi kan finde på.

»Ja men den — lad mig kalde det »kildrende« fornemmelse, der ledsager nydelserne, den føler oldinge ikke så stærkt.« — Troligt nok; men de føler heller ikke så stærk attrå derefter; og det kan aldrig falde besværligt at undvære noget, som man ikke attrår. Det var et godt svar, Sofokles, som dengang allerede var temmelig til års, gav manden, der rettede det spørgsmål til ham, om han endnu nød elskovsglæder: »Nej, guderne bevare os vel!« svarede han; »derfra er jeg rigtignok flyet bort, og det med glæde, ligesom fra en rå og rasende herre.« For dem, der er begærlige efter de forskellige slags sanselige nydelser, er det jo måske nok ubehageligt og besværligt at undvære dem; men for dem, der har fået nok deraf og er blevet fuldt tilfredsstillet, er det behageligere at undvære dem end at nyde dem. Skønt — »undvære« dem gør jo egentlig ikke den, der ikke attrår dem; altså må jeg hellere udtrykke min mening ved at sige, at det »ikke at attrå dem« er behageligere. Men selv om nu »den skønne alder«, som man jo kalder ungdommen, nyder just den slags nydelser med større lyst, så er det for det første ting af ringe værdi, den nyder, og dernæst er det, som vi allerede har sagt, sådanne ting, som alderdommen, selv om den ikke nyder dem i overflødigt mål, dog heller ikke *helt* må undvære. Ligesom den, der sidder på første række i teatret, har mere fornøjelse af at se på vor store skuespiller Turpio Ambivius, men dog også den, der sidder på bageste række, har *nogen* fornøjelse deraf, således kan det måske nok være, at ungdommen, som har nydelserne på nært hold, har mere glæde deraf; men også alderdommen, som har dem på længere afstand, har dog alligevel *så* megen fornøjelse af dem, at det kan tilfredsstille den. Og hvor stort værd har så ikke på den anden side det, jeg nu vil nævne, at sjælen, efter at den ligesom har tjent sine krigsår til ende i lystens, ærgerrighedens, partistridighedernes, uvenskabernes og alle lidenskabers tjeneste, endelig til sidst kan være sammen med sig selv og, som man kalder det, leve med sig selv! Kommer nu hertil oven i købet det, at den har, om jeg må bruge dette udtryk, et »foder« i åndelig syssel og dannelse, så kan intet være behageligere end en alderdom, som er sluppet ud af det offentlige forretningsliv. Vi har jo set Gajus Sulpicius Gallus, en fortrolig ven af din fader, Scipio, anstrenge sig til det sidste med sine astronomiske studier, sit arbejde med at udmåle himlen og jorden, kunne jeg næsten sige. Hvor tit overraskede ikke dagen ham, når han om natten havde begyndt på at tegne et eller andet kort, hvor tit ikke natten, når han havde begyndt derpå ved morgengry! Hvor fornøjede det ham ikke at forudsige os solens og månens formørkelser lang tid i forvejen! Og tænk endvidere på den slags åndelige sysler, der vel vejer mindre til i betydning, men som dog også udkræver skarpsindighed: hvor glædede så ikke Nævius sig ved sit digt om den puniske krig, og Plautus ved sin komedie »Surmuleren« eller »Løgnhalsen«! Jeg har også set den gamle digter Livius, som seks år før min fødsel havde ladet sit første stykke opføre og siden blev ved med at leve og digte lige til min ungdom. Hvorfor skulle jeg tale om Publius Licinius Crassus' studium både af præsteretten og den borgerlige ret? eller om den endnu levende Publius Scipios retsstudier, han, som for nogle få dage siden blev valgt til ypperstepræst? Alle de mænd, jeg her har omtalt, har vi jo set drive disse deres studier med glødende iver i deres alderdom. Og nu Marcus Cethégus, ham, som Ennius med rette har kaldt »overtalelsesgudindens hjertebarn«, med hvor stor iver har vi ikke set *ham* øve sig i at holde taler endogså som olding? Hvilke nydelser kan da nu gæstebud eller festlege eller elskerinder skænke, som kan sammenlignes med disse fornøjelser?

Således forholder det sig altså med de videnskabelige og lærde sysler, som tilmed hos forstandige og dannede mennesker vokser i styrke og omfang, jo ældre de bliver, hvad jo den ærefulde ytring af Solon viser, som han fremsætter i et vers, jeg ovenfor har anført, det vers, hvori han har sagt, at han ældes, alt imens han for hver dag, der går, lærer meget nyt: denne nydelse for sjælen er visselig den største, der kan gives! Men nu går jeg over til at tale om landmændenes nydelser og glæder, som jeg for min del har en utrolig fornøjelse af. Dem hindrer ingen alderdom en i at nyde, og i det hele synes det mig, at de kommer glæderne i den lærdes og vises liv nærmest. Landmændene har jo at gøre med jorden, som aldrig vægrer sig ved at lyde og heller aldrig giver det, den har modtaget, tilbage uden rente, men undertiden med mindre, for det meste dog med større rente. Imidlertid må jeg for mit vedkommende sige, at det ikke blot er udbyttet, der fornøjer mig, men også den naturkraft, der bor i jorden selv. Når denne nemlig har modtaget den udstrøede sæd i sit blødgjorte og gennemarbejdede skød, holder den den først skjult dér nogen tid; men siden, når den har fået sædekornet opvarmet ved sine lune uddunstninger og i sit favntag, bringer den det til at svulme og fremlokker den grønne spire af det. Støttet på sine rodtrævler vokser så denne lidt efter lidt til, hæver sig rank op i vejret med sit leddelte strå, og når den omsider ligesom er ved at nå sin ungdommelige frugtbarhedsudvikling, indesluttes den i det skedeformede aksehus; når den derpå har arbejdet sig ud af dette, sætter den frugter, ordnede i aksets rækker, og beskyttes mod småfuglenes bid ved akseskæggets vold. Hvorfor skulle jeg tale om vinrankernes fremspiren, udplantning og fremvækst? Jeg kan aldrig blive mæt af fornøjelsen herved —, det siger jeg, for at I kan lære at kende, hvad min alderdom søger sin hvile og glæde i. Jeg vil nemlig her ikke dvæle ved den naturens kraft, der ytrer sig i alt, hvad der frembringes af jorden, denne kraft, som af det ganske lille korn i figenen eller af kærnen i druebærret eller af alle de andre frugttræers eller frugtbuskes ganske små bitte frøkorn frembringer så store stammer og grene; nej, men stiklinger, skud, podekviste, rodskud, aflæggere

— har ikke arbejdet med dem den virkning, at der vækkes både beundring og fornøjelse ved dem hos enhver? Se nu for eksempel til vinranken! Af naturen vil den synke ned og falde til jorden, hvis den ikke bliver understøttet; men så omfatter den, for at hæve sig i vejret, alt, hvad den kan få fat på, med sine slyngtråde, ret som var det hænder; og når den så bugter sig fremad i mangfoldige, vildsomme slyngninger, aver vingårdsmændenes kunst den ved beskæring med kniven, for at den ikke skal skyde vilde skud og brede sig alt for stærkt ud til alle sider. Og så fremkommer da ved forårets begyndelse på de dele af planten, der er blevet levnet, ved rankernes ledknuder, om jeg må bruge dette udtryk, det såkaldte øje, hvormed den fremspirende drueklasse først begynder at lade sig til syne; den vokser sig efterhånden større og større både ved jordens saft og ved solens varme; og i begyndelsen har den en overmåde besk smag, men siden, når den er modnet, bliver den sød, og dækket som den er af vinløvet, skærmes den mod solens alt for stærkt brændende stråler, uden at den dog derfor savner en passende varme. Kan man vel tænke sig noget, der enten giver rigere frugt eller er skønnere at se på end en sådan vinstok? Men det er dog, som jeg før sagde, ikke blot dens nytte, der fornøjer mig, og det er heller ikke alene den naturkraft, der bor i den, men det er også selve dyrkningen af den: stivernes opstilling i rækker, forbindelsen af deres topender med tværstænger, arbejdet med at binde rankerne fast dertil og brede dem ud til alle sider, samt den før omtalte beskæring af nogle skud, medens man lader andre vokse så frit de vil. Hvorfor skulle jeg her gøre opmærksom på arbejderne med markens vanding eller gravning eller dens fornyede gennemarbejdelse med hakken, hvorved jorden bliver langt mere frugtbar? Hvorfor skulle jeg tale om nytten ved at give den gødning? Jeg har jo allerede talt herom i den bog, jeg har skrevet om landvæsenet. Om dette sidstnævnte markarbejde har den lærde Hesiod ikke sagt så meget som et ord, skønt han dog særlig skrev om agerdyrkningen[*]); men Homer, som efter min anskuelse har levet mange menneskealdre før ham, lader Odysseus' fader, den gamle Laërtes, søge lindring for det savn, hans søns fraværelse volder ham, ved at dyrke sin mark og gøde den. For resten er det jo ikke blot sædemarker og enge, vingårde og træplantninger, der gør landvæsenet så fornøjeligt, men det er også urtehaver og abildgårde, kvægets fodring, biernes sværme og den brogede mangfoldighed af alle slags blomster; og ikke alene udplantningen og såningen morer en, men også indpodningen, som er den snildeste opfindelse, landbruget har gjort.

Jeg kunne godt blive ved med at skildre en stor mængde fornøjelser ved *landvæsenet*; men jeg mær-

---

[*]) Nemlig i digtet »Værker og dage«.

ker nok, at allerede det, jeg her har sagt, har været for langtrukkent. I vil dog sikkert tilgive mig det; for dels har jeg ladet mig rive med af min interesse for disse sager, dels er jo alderdommen af naturen noget snakkesalig —, for at det ikke skal se ud, som om jeg vil frikende den for *alle* fejl. Men lad mig nu komme til selve landmændene; så behøver jeg heller ikke at gå bort fra mig selv. Nå, efter det, jeg her har udviklet, kan man altså nok forstå, at Manius Curius henlevede den sidste del af sin livstid som landmand, efter at han havde triumferet over samnitterne, sabinerne og Pyrrhos. Og når jeg nu ser på *den* mands landgård (den ligger nemlig ikke langt borte fra min egen), kan jeg ikke med tilstrækkelig beundring mindes en ting, der viser os såvel mandens egen nøjsomhed som også de daværende tiders tugt. Engang, da Curius sad ved sin arne, kom samnitterne til ham og ville give ham en stor masse guld, men han viste dem fra sig; han sagde nemlig, at han ikke anså det for herligt at besidde guld, men at herske over dem, der besad guld. Kunne vel en så ophøjet tænkemåde andet end gøre hans alderdom behagelig? Ude på deres marker levede overhovedet dengang senatorerne, som jo også var oldinge; det kan man slutte deraf, at Lucius Quinctius Cincinnatus gik og pløjede, dengang det blev meldt ham, at han var blevet gjort til diktator. Fra deres landgård hidkaldte man på den tid både Curius og de andre oldinge til møde i senatet; deraf fik de betjente, der hentede dem hid, navnet »landbud«. Kan man da nu sige, at disse mænd, som fandt deres glæde i at dyrke deres landejendom, har haft en beklagelsesværdig alderdom? Nej, i det mindste efter min mening kan vel næppe nogen alderdom være mere lykkelig end landmandens, og det ikke blot i betragtning af den gode gerning, han udfører, da jo markernes dyrkning er til held for hele menneskeslægten, men også når man tager hensyn til fornøjelsen ved hans gerning, hvorom jeg allerede har talt, og tænker på, hvilken fylde og overflod han har på alle de ting, som menneskene behøver til deres livsophold, — ja og desuden også til at udstyre deres liv med en vis pragt og rigdom; dette føjer jeg til, for at vi nu til sidst kan forsone os med nydelsen, eftersom der jo er visse folk, som ikke kan undvære slige ting. En dygtig og virksom ejendomsbesidder har nemlig altid fuldt op af gode ting i sin vinkælder, sin oliekælder, sit spisekammer, og overhovedet er hele hans gård vel forsynet; han har overflødighed på grise, kid, lam, høns, mælk, ost og honning; og tænk så på køkkenhaven, som jo landmændene selv kalder for »flæskesiden nummer to«. Yderligere føjer så bibeskæftigelser i ledige timer, som for eksempel fuglefangst og jagt, et krydderi til disse herligheder. Hvorfor skulle jeg sige mere, end jeg allerede har gjort, om de grønne enge eller om frugttræernes rækker eller de skønne vingårde eller olivenplantninger? Jeg vil nu gøre sagen af i al korthed: man kan ikke tænke sig noget, som enten skænker rigere udbytte eller frembyder et skønnere syn end en veldyrket landejendom; og til nydelsen af disse glæder gør alderdommen ikke blot ikke nogen mand træg, men den indbyder og lokker ham endogså dertil. Hvor kan nemlig den gamle bedre få varme i kroppen, enten ved at slikke solskin eller ved arneilden, end ude på landet? eller hvor kan han omvendt finde en sundere afkøling, enten i træers skygge eller ved bade? Lad derfor de unge kun beholde deres idrætspladser, deres heste, deres lanser, deres boldtræ og bold, deres svømmeøvelser og væddeløb for sig selv; lad dem af alle de mange lege og spil alene lade os gamle beholde tavl og terninger, — og for resten må de også med dette gøre, som det behager dem, eftersom jo alderdommen kan være lykkelig selv uden disse ting.

Af Xenofons skrifter kan man høste såre megen nytte i mange retninger; læs dem derfor ivrigt, kære venner; — skønt det véd jeg jo, I gør. Hvor udbreder han sig ikke i lovtaler over agerbruget i det skrift, der handler om, hvorledes man skal bestyre sin formue godt, det, som bærer titlen: »Den gode husholder«! Og for at I kan indse, at efter hans mening intet er en konge så værdigt som syslen med landbruget, så lader han i det skrift Sokrates i sin samtale med Kritobulos fortælle følgende historie: Engang var den overordentlig dygtige Lysandros fra Lakedaimon kommet til Sardeis i Lydien for at træffe Kyros den Yngre, den persiske konges søn, som udmærkede sig både ved sin åndelige begavelse og ved sin berømmelige regering, og han havde medbragt gaver til ham fra hans græske forbundsfæller. Da havde Kyros, foruden at han også på andre måder behandlede Lysandros med artighed og venlighed, ført ham ud på et indhegnet stykke land, som var beplantet med stor omhu, og vist ham det. Lysandros lagde med beundring mærke til træernes ranke vækst, deres smukt og regelmæssigt ordnede rækker, det vel gennemarbejdede og rensede jordsmon og den behagelige, vellugtende duft, der åndede dem i møde fra blomsterne; og til sidst sagde han så, at han beundrede ikke blot den omhyggelighed, men også den snildhed, som den mand havde udvist, der havde afstukket og planlagt det hele anlæg. Så svarede Kyros: »Ja, se det er nu mig selv, der har lagt planen til det hele anlæg, du dér ser; det er mine rækker, min anordning, og tilmed har jeg plantet mange af disse træer med egen hånd.« Da så Lysandros på hans purpurklædning, hans hele persons sirlighed og hans pragtfulde persiske dragt med det meget guld og de mange ædelstene, og så sagde han disse ord: »Det er sandelig med rette, man kalder dig en lykkelig mand, Kyros, eftersom hos dig lykken er forenet med personlig dyd og dygtighed.«

En sådan lykke er det altså forundt os oldinge at

nyde; og vor alder er ikke til hinder for, at vi kan vedblive at bevare vor interesse såvel for andre ting som særlig for agerbruget lige indtil den seneste tid af vor alderdom. Således har vi f. eks. hørt om Marcus Valerius Corvinus, at han stadig bevarede den, og han blev dog 100 år gammel; selv i sin høje alderdom levede han ude på landet og dyrkede sine marker. Og den sidste del af denne mands liv var så meget mere lykkelig end den mellemste, i hvilken han seks gange havde været konsul, som han i hin nød større personlig anseelse og havde mindre anstrengelse. Anseelse er nemlig alderdommens krone. I hvor stort et mål blev den ikke Lucius Cæcilius Metellus til del? Og ligeså Aulus Atilius Calatinus, ham, over hvem der blev sat følgende gravskrift:

> Om denne mand hans fleste landsmænd mener,
> han var den allerførste mand blandt folket.

Verset er velbekendt; det står indhugget på hans gravsted. Med fuld ret nød altså denne mand høj anseelse, da jo alle var enige om at lovprise hans fortjenester. Hvilken udmærket mand har vi ikke fremdeles for nogen tid siden haft i vor ypperstepræst Publius Crassus, og ligeledes senere hen i Marcus Lepidus, som beklædte det samme præsteembede! Hvorfor skulle jeg tale om Æmilius Paullus eller om Scipio Africanus, eller (som jeg allerede har gjort før) om Fabius Maximus? Disse mænd nød så stor anseelse, at man ikke alene rettede sig efter deres meningsudtalelser i senatet, men også tog hensyn til deres blotte vink. Særlig for sådanne mænds vedkommende, som har beklædt de højeste æresposter, nyder alderdommen så stor anseelse, at denne må regnes for mere værd end alle ungdommens nydelser.

Imidlertid må I ved alt, hvad jeg her siger til jer, stadig huske på, at jeg kun lovpriser den alderdom, der er underbygget med et solidt grundlag fra ungdommen af. Heraf følger omvendt, hvad jeg engang har udtalt under stort bifald fra alle sider, at den alderdom er at beklage, der ikke har andet til støtte og værn for sig end sit ydre udseende. Ikke grå hår, ej heller rynker kan med eet slag skaffe nogen mand anseelse; nej, kun når man har henlevet sit tidligere liv i ærefuld færd, høster man anseelse som den sidste frugt deraf. Der ligger jo nemlig en hædersbevisning for en olding selv i disse ting, som kan synes ubetydelige og ganske almindelige: at man hilser ham, søger hans omgang, går af vejen for ham, rejser sig fra sit sæde for ham, ledsager ham, når han går ud eller begiver sig hjem, og spørger ham til råds, — ting, som man passer omhyggeligt på at gøre både hos os og i andre stater, og det desto mere omhyggeligt, jo bedre den ånd er, der råder i ethvert statssamfund. Lakedaimonieren Lysandros, som jeg for lidt siden talte om, skal oftere have ytret, at Lakedaimon var alderdommens ærefuldeste hjem; ingensteds tages der nemlig så meget hensyn til folks alder, ingensteds vises der alderdommen så store æresbevisninger. Ja man fortæller endog følgende historie til bevis herpå. I Athen var engang ved en fest en gammel mand kommet ind i teatret, hvor en stor mængde tilskuere sad forsamlet; ingensteds blev der givet ham plads af hans medborgere; men da han så kom hen til nogle lakedaimoniere, som i deres egenskab af sendemænd havde fået anvist en bestemt æresplads at sidde på, skal de alle sammen have rejst sig op og ladet oldingen komme til at sidde hos sig. Da hilste hele forsamlingen deres handlemåde med mange gange gentaget bifaldsklap; og så skal en af dem have ytret, at athenienserne nok vidste, hvad der var rigtigt, men de brød sig ikke om at gøre det. Her i Rom er der mange herlige sider ved augurernes præsteskab, som I selv tilhører, men særlig må man prise det, hvorom det gælder ved vor forhandling her, at nemlig rækkefølgen, hvori man har ret til at udtale sin mening, bestemmes efter hvor højt man er oppe i alderen, så at de augurer, der er ældre af år, har forrang ikke alene fremfor dem, der har beklædt højere embedsstillinger, men endogså fremfor dem, der i øjeblikket sidder inde med den allerhøjeste embedsmyndighed. Hvilke sanselige nydelser kan vel nu sammenlignes med den æresløn, der består i personlig anseelse? De, der er kommet til at nyde denne på glimrende måde, de har, synes det mig, spillet deres livs skuespil godt til ende, og det er ikke gået dem som uøvede skuespillere, der gør fiasko i sidste akt.

»Ja men oldinge er jo tit gnavne, ængstes idelig af bekymringer, farer let op i vrede og er vanskelige at omgås.« Ja vel; og søger vi nøjere efter, findes der også nok dem, der er pengebegærlige. Men dette er fejl, der ligger i folks karakter, og som ikke kan skrives på alderdommens regning. Og for resten kan gnavenhed og de andre nysnævnte fejl hos gamle folk nogenledes undskyldes; undskyldningen er ganske vist ikke helt ud fyldestgørende, men jeg synes dog, at man må tage den for gode varer. Vedkommende bilder sig nemlig ind, at man ikke bryder sig om dem, at man ser ned på dem og driver spot med dem; og desuden, når legemet er skrøbeligt, er ethvert anstød pinligt. Imidlertid kan alle disse fejl mildnes både ved god livsvandel og ved åndelig dannelse; og det kan man se beviser på såvel i det virkelige liv som også på scenen, for eksempel når man tænker på de to brødre, der optræder i Terentius' komedie »Brødrene«. Hvor barsk og hårdt et væsen har ikke dér den ene broder, hvor mildt og venligt er derimod ikke den andens! Således forholder det sig nemlig: ligesom det ikke er enhver vin, er det heller ikke enhver natur, der bliver sur ved at ældes. Strenghed i væsen kan jeg billige hos alderdommen, men den må, som alt andel, holdes inden for de rette grænser; bitterhed derimod kan jeg på ingen måde billige. Men havesyge hos en olding — ja hvad mening der er *deri*, forstår jeg slet ikke; for kan noget som helst være mere meningsløst end at skrabe desto mere rejseforråd sammen, jo kortere det stykke vej er, man har tilbage'?

Nu har vi den *fjerde* ankepost tilbage, og her møder vi det, der allermest synes at holde vor alder i angst og bekymring, nemlig dødens nærmelse; for det er jo sikkert nok, at døden ikke kan være langt borte fra alderdommen. Ak, men hvor må man ikke beklage den olding, der i hele sit lange liv ikke har fået øjet op for, at døden ikke bør frygtes! Enten skal man betragte den med fuldkommen ligegyldighed, nemlig hvis den helt udslukker sjælens bevidsthed; eller man må endogså ønske sig den, nemlig hvis den fører sjælen et eller andet sted hen, hvor den vil vedblive at leve evigt; og noget som helst tredje kan visselig ikke findes. Hvorfor skulle jeg altså nære frygt, hvis jeg enten ikke vil kunne føle til nogen ulykke efter døden eller endogså vil blive lyksalig? Men hvem er for resten så tåbelig, at han, hvor ung han end er, skulle føle sig sikker på, at han vil leve, til sol går ned? den unge alder er jo endogså i langt flere tilfælde end vor udsat for at rammes af døden: unge mennesker falder lettere i sygdom, deres sygdomsanfald er sværere, deres helbredelse kræver strengere midler. Derfor er det også kun få, der når at blive oldinge; var ikke dette desværre tilfældet, ville menneskelivet være bedre og fornuftigere, end det er. Det er nemlig hos oldinge, at der findes fornuft, forstand og klog-skab; havde der altså slet ikke været oldinge til, ville overhovedet ingen statssamfund have været til.

Men jeg vender tilbage til at tale om dødens truende nærhed; og så siger jeg: Hvad mening er der dog i at bruge dette som en anke mod alderdommen, når den samme anke, som I jo ser, lige så godt kan rettes mod ungdommen? At døden nemlig lige godt kan ramme enhver alder, *det* har jeg fået at føle ved min udmærket brave søn, og du, Scipio, ved dine brødre, som man havde ventet ville nå til de højeste værdigheder. — »Ja, men ynglingen har håb om at kunne leve længe; derimod kan oldingen ikke nære et sligt håb.« — Sandt nok; men der er noget uforstandigt ved *det* håb; for hvad kan være tåbeligere end at regne det usikre for sikkert, det falske for sandt? — »Ja, men oldingen har ikke engang nogen grund til at nære håb.« — Nå, men så er han til gengæld så meget bedre stillet end ynglingen, som *han* allerede har opnået det, denne kun håber på. Denne ønsker at leve længe; den anden *har* levet længe. Men for resten, I gode guder, hvad vil det sige, det ord »længe«, når talen er om menneskelivet? Lad os nemlig antage, at vi kan leve den allerlængste levetid, lad os vente, at vi kan blive lige så gamle som kong Arganthonios i Gades, som skal have siddet på tronen i 80 år og levet 120: alligevel forekommer det mig, at man overhovedet ikke kan bruge betegnelsen

»langvarigt« om noget som helst, som dog til sidst har en ende; når nemlig enden kommer, så er det, der er forbigangent, svundet helt bort. Alene *det* bliver ved at bestå, som man har opnået ved retskaffen færd og gode handlinger; timerne derimod svinder hen og dagene og månederne og årene. Og lige så lidt som den forbigangne tid nogensinde vender tilbage, lige så lidt kan man vide, om der kommer noget bag efter; men enhver bør være tilfreds med det spand af tid, det er blevet ham forundt at leve; for lige så vist som en skuespiller ikke behøver at spille stykket helt til ende for at høste bifald, da det jo kun kommer an på, at man synes godt om ham i enhver akt, han er optrådt i, lige så vist behøver den vise heller ikke at nå helt hen til livsdramaets slutreplik, så han kan sige: »Klap nu!« Selv en kort livstid er nemlig lang nok til, at man kan leve godt og ærefuldt. Men hvis ens liv skulle få en længere udstrækning, bør man på den anden side lige så lidt klage over dette, som landmændene klager over, at sommeren og høsten er kommet, efter at den dejlige forårstid er svundet bort. Våren er nemlig ligesom et billede på ungdomstiden og viser kun hen til de frugter, der engang skal komme; de efterfølgende tider er derimod bestemt til at indhøste og nyde frugterne. Men de frugter, alderdommen skænker, er, som jeg allerede gentagne gange har sagt, den rige skat af goder, som man har vundet i den foregående del af sit liv og bevarer i mindet.

Fremdeles må jo alt, hvad der sker i overensstemmelse med naturens orden, regnes for at høre med til de gode ting. Men er der vel noget, der i den grad stemmer med naturens orden, som når det times gamle mænd at dø? Derimod er det i strid med og på trods af naturen, når det samme times ynglinge. Derfor forekommer det mig, at når unge mænd dør, sker der noget lignende, som når en stærk lue pludselig kvæles ved en masse vand, medens der, når oldinge dør, sker det samme, som når et bål efterhånden går ud, fortæret af sig selv, uden at der er anvendt nogen vold. Og ligesom æbler, når de er umodne, kun med besvær lader sig rive løs fra træerne, men falder ned af sig selv, når de er modne og møre, således må der vold til for at frarøve ynglinge livet, hvorimod selve modenheden berøver oldingen det. Og denne modenhed er i mine øjne så behagelig, at jo mere jeg nærmer mig til døden, desto klarere mener jeg at øjne land, om jeg må bruge dette billede, så jeg endelig engang vil komme i havn efter den langvarige sejlads.

Alderdommen har nu rigtignok ikke således som frugtmodningen nogen fast slutningsgrænse, og man gør rigtigt i at leve i den, så længe man kan udføre og besørge den gerning, pligten har pålagt en. [Men så meget er sikkert, at det spand af tid, den har tilbage at leve i, ikke kan være synderlig langt;

og derfor kan den med desto større sindsro frivilligt give afkald derpå] og agte døden ringe*). Deraf kommer det, at alderdommen endog har stærkere mod og større kækhed end ungdommen. Hvad jeg her siger, stemmer med det svar, Solon skal have givet tyrannen Peisistratos, da denne spurgte ham, hvad det egentlig var, han satte sin fortrøstning til, når han så dristigt stod ham imod; da svarede Solon: »Det er min alderdom.« Men den bedste måde at ende livet på er det dog, når naturen selv opløser sit værk, ligesom den forud har sammenføjet det, og opløser det, medens ens åndskraft er usvækket og sanserne sikre. Ligesom nemlig den, der har sammentømret et skib eller et hus, også har lettest ved at tage delene fra hinanden igen, således kan naturen, der, om jeg så må sige, har sammenlimet mennesket, også bedst opløse det igen; og med enhver sammenliming går det jo fremdeles således, at, medens den kun med

---

*) Stedet er i grundteksten blevet uforståeligt derved, at nogle linjer er oversprunget i det håndskrift, hvorfra alle vore håndskrifter stammer; hvad der *sandsynligvis* har stået i denne lakune, har jeg forsøgt at udtrykke ved de ord, der står i [ ]. Tankegangen i dette stykke er for øvrigt ikke så klar som ellers i skriftet. Sagen er, at Cicero her særlig vil gendrive dem, der mener, at oldingen, hellere end at lide alderdommens besvær, i tide skal unddrage sig derfor ved frivillig at søge døden. Men medens det er hovedsagen for ham at tilbagevise selvmordstanken, vil han tillige gøre opmærksom på, at det samme motiv, der kan fremkalde selvmordstanken, nemlig overbevisningen om, at det ikke er meget, man giver afkald på, også kan give oldingen større mod til at trodse dem, der truer ham med døden; indbringelsen af denne bitanke er det, der gør hovedtankens fremstilling noget uklar.

vanskelighed rives itu, når den er frisk, lader det sig let gøre, når den er blevet gammel. Siden det nu forholder sig således, følger deraf, at lige så vist som oldinge ikke med begærlighed bør klynge sig til den nysnævnte korte rest af livet, lige så vist bør de heller ikke uden grund løbe bort derfra; og Pythagoras siger da også, at man ikke må rømme fra den plads og vagtpost, man er sat på i livet, uden sin anførers, det vil sige guddommens, tilladelse.

Af den vise Solon har man jo nok et vers, hvori han udtaler det ønske, at hans død ikke må undlade at fremkalde smertensudbrud og klager fra hans venners side: han vil, tror jeg, hermed blot udtrykke ønsket om, at hans kære skal vise ham deres kærlighed. Men dette vers af Ennius er dog sikkert bedre:

Ingen med tårer mig hædre! med gråd må ingen min gravfærd fejre! thi end har jeg liv, flyver fra mund og til mund.

Han mener, at man ikke bør sørge over døden, da udødeligheden følger efter den. Og der er een grund til, hvorfor man ikke bør sørge over døden: det er nemlig nok muligt, at der kan være en smertefornemmelse forbundet med *døden selv*, skønt den kun kan vare en stakket stund, særlig for en olding; men *efter døden* har man, som jeg før har sagt, enten slet ingen fornemmelse mere eller også måtte man ønske sig fornemmelse. Men hvordan det nu end forholder sig hermed, så bør vi i ethvert fald lige fra ungdommen af have indøvet os til at kunne agte døden ringe; for hvis man ikke har indøvet sig hertil, kan man ikke have ro i sit sind. Sikkert er det nemlig, at man *skal* dø, og ingen véd, om det ikke vil ske netop i dag; når man altså frygter døden, som hver eneste time hænger truende over en, hvordan kan man så komme til ro i sit sind? Men om ringeagt for døden tror jeg for resten ikke jeg behøver at indlade mig på nogen synderlig lang udvikling her; jeg behøver blot at mindes — ikke kongernes forjager Lucius Brutus, som lod sig dræbe under kampen for at forsvare sit fædrelands frihed; ikke de to Decius'er, som sporede deres heste fremad for at styrte sig i en frivillig død; ikke Marcus Atilius Regulus, som drog bort til henrettelse for at holde det løfte, han havde givet fjenden; ikke de to scipioner, som ville spærre vejen for pønerne, selv om det skulle være med deres egne lig; ikke din bedstefader Lucius Paullus, som med sin død sonede sin embedsbroders ubesindige fremfusenhed i det vanærende nederlag ved Cannæ; ikke Marcus Marcellus, hvis død ikke engang vor grusomste fjende lod savne begravelsens æresbevisning; — nej, jeg behøver blot at tænke på vore simple legionssoldater, som jo, således som jeg har skrevet i mit historieværk, mangen en gang med fyrigt og frejdigt mod er draget ud til den plads, hvorfra de aldrig troede at skulle vende tilbage igen. Når altså unge mennesker, tilmed sådanne, som ikke blot ikke har modtaget nogen højere dannelse, men endogså er ganske simple bondekarle, ikke agter døden for noget, skal så dannede oldinge være bange for den?

Overhovedet fører det, at man efterhånden har fået nok af alle ting, til sidst til, at man også bliver mæt af livet; således forekommer det i det mindste mig. Barndommen har jo sine bestemte ting, som er genstand for *dens* interesse; savner da måske ynglingene disse ting? Lgeledes har ungdommen sine: mon da den alder, man kalder den mellemste, den satte manddomsalder, længes tilbage til dem? Også denne alder har sine: men heller ikke dem ønsker man sig igen i oldingealderen. Så er der til allersidst visse ting, som oldingealderen har interesse for: hvad dem angår, kan man altså drage den slutning, at, ligesom efterhånden de foregående livsaldres interesser falder bort, således falder også oldingealderens bort; og når dette er sket, hidfører livsmætheden det betimelige øjeblik til at dø[*].

Men nu kommer jeg atter tilbage til mig selv; for jeg kan ikke se, hvorfor jeg ikke skulle vove at sige til jer, hvad mening jeg selv har om døden; jeg mener nemlig, at *mit* blik på dette punkt er så meget desto klarere, som jeg jo står nærmere ved den. *Jeg* tror altså, at eders fædre, både din, Publius Scipio, og din, Gajus Lælius, disse to berømmelige mænd, som har været mine bedste venner, — jeg tror, at de

---

[*] Disse betragtninger er hentet fra Xenofons *Kyrupaideia*. Fra Kyros' tale på sit dødsleje.

endnu lever, og det tilmed et sådant liv, som alene fortjener at kaldes et liv. Så længe vi nemlig er indelukkede i dette legemets fængsel, må vi udføre en nødvendighedens pligtgerning, så at sige, og døje et svært arbejde; vor himmelske sjæl er nemlig trykket ned fra sit hjemsted oppe i det høje og ligesom sænket ned til jorden, et sted, som står i modsætning til dens guddommelige natur og evige væsen. Men når de udødelige guder har ladet sjælene få bo i de menneskelige legemer, så tror jeg, de har villet, at der skulle være væsener til, som kunne tage vare på jorden, og som under beskuelse af himmellegemernes regelmæssige gang skulle efterligne denne ved en fast og planmæssig ordning af deres livsførelse. Og det er ikke blot mine egne fornuftbetragtninger og tankeovervejelser, der har bragt mig til at nære denne tro, men også de største filosoffers berømte navn og vægtige mening, som jeg har lært at kende. Jeg hørte, at Pythagoras og pythagoræerne, som jo næsten er vore landsmænd, idet man i sin tid har givet dem navnet de italiske filosoffer, aldrig har næret tvivl om, at vore sjæle er dele af den almindelige verdenssjæl. Man gjorde mig fremdeles opmærksom på, hvad Sokrates på sit livs sidste dag havde sagt i en samtale med sine venner om sjælenes udødelighed[*]— , den mand, som Apollons orakel havde er-

[*] Der sigtes til udviklingen i Platons dialog »Faidon«. Fra denne så vel som fra »Faidros« er de platoniske tanker i det nærmest følgende hentet, men de er gengivet alt for flygtigt; det sidste argument bevi-

klæret for den viseste blandt alle. Jeg har altså, for at fatte mig i korthed, dannet mig den overbevisning og nærer den anskuelse, at da sjælens bevægelighed er så stor, og den har en så udstrakt erindring om det forbigangne og så stor forudviden om det tilkommende, og da den sysler med så mange videnskaber og kunster, der kræver så stor en kundskabsfylde, og har kunnet gøre så mange opdagelser, så kan det væsen, der i sig omslutter alle disse evner, umuligt være dødeligt. Da fremdeles sjælen er i stadig bevægelse og ikke har nogen begyndelse på sin bevægelse, fordi dens bevægelse kommer af den selv, vil den heller aldrig få nogen ende på sin bevægelse, fordi den aldrig vil svigte sig selv. Da endvidere sjælens natur er usammensat, og den ikke har noget som helst indblandet i sig, som er uensartet og uligt med den selv, kan den ikke deles; men hvis den ikke kan det, kan den heller ikke gå til grunde. Og et vægtigt bevis for, at menneskene véd besked med de fleste ting, før de bliver født, og at altså deres sjæle må have været til før deres fødsel, ligger endelig i den omstændighed, at de allerede i barnealderen, når de lærer de vanskelige videnskaber at kende, tilegner sig utallige ting så hurtigt, at man må antage, at de ikke nu hører om dem for første gang, men tværtimod mindes dem på ny og genkalder dem i deres erindring. Dette er om-

---

ser i det højeste sjælens præeksistents, ikke dens udødelighed. Også i det næste stykke er gengivelsen af Xenofons udvikling (i *Kyrupaideia*) meget flygtig.

trent, hvad Platon siger om denne sag.

Hos Xenofon siger fremdeles den ældre Kyros på sit dødsleje følgende: »I må ikke tro, kæreste sønner, at, når jeg er vandret bort fra eder, vil jeg ikke mere være nogetsteds eller noget som helst. I kunne jo heller ikke se min sjæl nu, mens jeg var hos eder; men at den var til stede i dette mit legeme, kunne I slutte eder til af de gerninger, jeg udførte. Altså bør I nære den tro, at den også fremdeles er til, selv om I slet ikke får den at se. Man ville sandelig heller ikke blive ved med at vise berømmelige mænd æresbevisninger efter deres død, hvis deres egne sjæle slet ikke virkede noget til, at vi desto længere kunne bevare mindet om dem. Jeg for mit vedkommende har aldrig kunnet få mig selv til at tro, at sjælene nok lever, så længe de er i de dødelige legemer, men derimod dør fuldstændig bort, når de er gået ud af dem; og lige så lidt har jeg kunnet tro, at sjælen er blottet for bevidsthed fra det øjeblik af, da den er sluppet ud af det bevidstløse legeme, men tværtimod tror jeg, at den først da kommer til fuld bevidsthed, når den er udfriet af al sammenblanding med legemet og har begyndt at være ren og ublandet i sit væsen. Og når fremdeles menneskets natur opløses ved døden, ser man tydeligt, hvor enhver enkelt af dens øvrige bestanddele går hen under adskillelsen; de går nemlig alle sammen did hen, hvorfra de har deres udspring; men sjælen alene lader sig ikke til syne, hverken mens den er til stede, eller når den er gået bort. Fremdeles ser I jo, at intet ligner døden så meget som søvnen; men menneskenes sjæl lægger netop allermest sin guddommelige natur for dagen, mens de sover; thi i den tilstand, når dens bånd er slappet og den har fået frihed, forudser den meget, der hører fremtiden til: heraf kan man slutte sig til, hvorledes den vil være beskaffen, når den fuldstændig har løst sig ud af legemets lænker. Derfor skal I,« siger han, »hvis dette nu forholder sig således, ære og dyrke mig ret som en guddom efter min død; men hvis sjælen går til grunde sammen med legemet, så skal I dog i det mindste af ærbødighed for guderne, som vogter og styrer hele denne skønne verden, bevare mindet om mig fromt og ukrænket.«

Således taler Kyros på sit dødsleje. Lad os nu derefter, om I har lyst, se på vore egne anskuelser om sagen. Ingensinde skal nogen, Scipio, få mig til at tro, at din fader Paullus eller dine to bedstefædre, Paullus og Africanus, eller mange andre fremragende mænd, som det er unødvendigt at opregne, ville have indladt sig på de store handlinger, de har udført, handlinger, som skulle vedblive at leve i efterverdenens minde, hvis de ikke i ånden havde set, at efterverdenen også vedkom dem selv. Eller mener du (for at jeg nu på gammelmands vis skal sige noget til min egen ros), at jeg ville have underkastet mig alle mine store anstrengelser ved dag og ved nat, i fred og i krig, hvis jeg havde ment, at min berømmelse skulle være afsluttet ved de samme grænser som mit liv? Havde det så ikke været meget bedre at tilbringe sin levetid i en privatmands stille og rolige liv, uden nogen anstrengelse og uden nogen strid? Men min sjæl rejste sig (jeg kan selv knap forklare mig det) rank i vejret og skuede altid fremad mod eftertiden, ret som om den først da skulle leve, når den var vandret bort fra livet. Ja, hvis det ikke forholdt sig således, at sjælene var udødelige, ville ikke enhver, jo ædlere et menneske han selv var, anstrenge sig desto mere for at vinde udødelig berømmelse. Og hvad skal man fremdeles sige om den kendsgerning, at enhver dør med desto større sindsro, jo forstandigere han er, men derimod med desto større mismod, jo uforstandigere han er? Mener I ikke, at den sjæl, der har et mere omfattende og vidtskuende blik, ser, at den drager bort til en bedre verden, medens den, hvis syn er mere sløvt, ikke ser det? Jeg for mit vedkommende føler mig henrevet af længsel efter at se eders fædre, som jeg har højagtet og elsket; dog higer jeg ikke blot efter at mødes med dem, jeg selv har kendt, men også med dem, som jeg har hørt og læst og selv skrevet om. Og når jeg engang rejser did hen, så skal sandelig ikke let nogen få mig draget tilbage; ja, hvis en guddom skulle ville tilstå mig den gunst, at jeg fra den alder, jeg nu er i, måtte blive barn på ny og skrige i vuggen, ville jeg betakke mig meget derfor, og jeg ville virkelig ikke, efter at jeg ligesom havde løbet banen til ende, have lyst til at lade mig kalde tilbage fra målstregen til udløbsskrankerne. Hvad godt og glædeligt har nemlig livet ved sig? Hvor fuldt er det ikke snarere af møje og besvær? Men lad det så også have begge dele; af dets goder bliver man dog til sidst mæt, og på dets plager får man dog til sidst ende: det sørger det selv for. *Jeg* føler nemlig ingen lyst til at klage over livet, som mange og det endog højtdannede mænd tit har gjort; jeg fortryder ikke på at have levet, siden jeg har levet således, at jeg tror, at mit liv ikke har været helt til unytte; og jeg vandrer bort fra livet ret som fra et gæstehjem, ikke som fra et virkeligt hjem. Naturen har nemlig givet os livet som et herberg, hvori vi skal dvæle for en stund; det skal ikke være vor blivende bolig. Å, hvilken herlig dag oprinder ikke for mig, når jeg skal rejse bort til sjælenes guddommelige mødested og forsamling hisset og forlade alt det virvar og det smuds, vi her lever i! Da vil jeg nemlig komme hen, ikke blot til de mænd, jeg før talte om, men også til min elskede Cato, den bedste mand, den kærligste søn, der nogensinde har levet. Hans lig er brændt på bål af mig; det modsatte burde være sket, mit burde være lagt på bål af ham; men hans sjæl har ikke svigtet mig, nej, *den* er visselig, alt imens den skuede tilbage til mig, vandret bort til de egne, hvor den så, at også jeg selv engang skulle komme hen. Og når folk har ment, at jeg med fast mod bar den hårde tilskikkelse, som dengang ramte mig, er det ikke, fordi jeg skulle have taget den med ligegyldig ro; nej, men jeg trøstede mig selv med den overbevisning, at skilsmissen mellem os ikke ville blive langvarig.

Alt det, jeg nu her har udviklet, Scipio, er det, der gør alderdommen let for mig (for det var jo det, du sagde, at du og Lælius mange gange havde undret jer over); og den er mig ikke blot ikke besværlig, men tværtimod endogså behagelig. Og skulle jeg tage fejl i dette punkt, når jeg tror, at menneskenes sjæle er udødelige, så tager jeg gerne fejl, og jeg vil aldrig, så længe jeg lever, lade mig fravriste denne vildfarelse, som jeg finder min glæde i; men hvis jeg efter min død er blottet for al følelse, således som jo visse små-filosoffer*) mener, så frygter jeg ikke for, at filosofferne i dødsriget skal håne mig for denne min vildfarelse. Selv om vi imidlertid ikke bliver udødelige, så er det dog ønskeligt for et menneske at få sit liv udslukt, når tiden dertil kommer; naturen har nemlig sat en grænse også for livet, ligesom for alt andet. Men alderdommen er ligesom slutningsakten på livets skuespil; og vi må søge at undgå at synke mat hen i denne sidste akt, hvad der så meget lettere kan ske, som mæthed nu træder til.

Dette var det, jeg havde at sige om alderdommen.

---

*) Det er *epikuræerne*, der sigtes til; de nægtede bestemt sjælens udøde-lighed.

Gid I engang må nå til den, for at I kan godkende rigtigheden af det, I her har hørt af mig, når I selv i gerningen har prøvet det!

Anmærkninger

Ved oversættelsen har jeg lagt teksten i *Lunds* udgave (1889) til grund; men jeg har afveget fra den på ikke få steder og finder det derfor rigtigst her at meddele de væsentligste afvigelser. Franskmanden *L. Havets* rettelser til teksten, som jeg har optaget, findes i en afhandling i *Journal des Savans* 1903.

§ 4: Præterita enim ætas quamvis longa . . . nulla consolatione permulcere posset.

§ 7: [*ut*] quæ C. Salinator . . . § 8: nequaquam in isto omnia *sunt. Themistocles* . . (cfr. § 21).

§ 13: quia [*ita*] profecto videtis.

§ 18: Karthagini *quidem* . . bellum *ultro* ante denuntio.

§ 19: consilio, ratione, *scientia*.

§ 24—25: »Serit arbores . . . prosient«, ut ait St. n. in Synephebis, »agricola, *quamvis sit senex*, nec vero dubitat quærenti, cui serat, respondere . . (*L. Havet*). — *Hæc* melius Cæcilius . .

§ 26: Quod cum . . audirem (discebant enim fidibus antiqui), vellem . . illud; sed . . elaboravi.

§ 28: diserti senis *sedata* et mitis oratio.

§ 34: Audisse [*etiam*] te arbitror.

§ 36: animi autem *semper* exercendo levantur (Madv. § 418).

§ 38: cogitatas: *ea*que tueor . . viribus. Qu*æ* si . . — Ita sensim ætas senescit . . . diuturnitate *sine sensu* extinguitur (*Havet*).

§ 47: desiderat: ergo hoc »non desiderare« dico e. j.

§ 48: parvulis f. rebus, deinde iis, quibus senectus, *ut diximus*, etiamsi . . . (*Havet*).

§ 49: videbamus *immori* studio . . .

§ 50: ut honestum illud Solonis *ostendit*, quod (*qui?*) ait . .

§ 53: *Vinea* quid potest esse . . (*Havet*) . . . . ut ante dixi, *et natura ipsa delectat, sed etiam cultura (Havet)*.

§ 55: nam et studio rerum [rusticarum] (*Havet.*) — vindicare. Sed *venio ad agricolas, ne a me ipso recedam*. Ergo in hac vita . . (Havet). — non longe a *mea*.

§ 58: Habeant igitur sibi *areas*, sibi equos . . quoniam [*etiam*] sine illis b. e. s. p.

§ 59: multisque gemmis [*distinctum*] dixisse.

§ 61: [*Quæ*] quanta fuit . . in A. Atilio C . . . — ploirumoe cons. gen*tiles*.

§ 62: quæ se *oris ratione* defenderet.

§ 64: fabulam ætatis [*bene*] peregisse.

§ 69: . . et anni. Nec præteritum . . . . revertitur, nec, [*ec*]-quid sequatur, sciri potest: quod cuique . .

§ 72: . . tueri possit. [*Hoc tamen certum est, reliquum uitæ spatium breve esse, quo æquiore animo sua sponte carere eo possit*] mortemque contemnere; ex quo . . — Ut [enim] navem . . .

§ 75: De qua [*contemnenda*] non . . .

§ 77: [*Nunc autem rursus ad me redeo*]; non enim video . . .